SABINE FRIEDRICH & VOLKER FRIEBEL

Einschlafen, Durchschlafen & Ausschlafen

Kindern mit Liedern, Geschichten
und Ritualen helfen

Zur Guten Nacht – Das Kätzchen und der kleine Bär   105

Liebe Leserinnen und Leser

Über die Hälfte aller Kinder hat manchmal Probleme mit dem Schlaf, am häufigsten sind Zubettgeh-, Einschlaf- und Durchschlafprobleme. Wir beschreiben die Schwierigkeiten, zeigen Ursachen auf und besprechen Hilfen für Eltern und Kinder. Denn Schlafprobleme von Kindern wollen **verstanden** werden – häufig zeigen sich so schon Lösungsansätze. In unser Buch sind dazu auch Erfahrungen aus Elternkursen und viele Anregungen von Eltern eingeflossen.

Anschließend wird im Buch das Wichtigste zum Schlafbedürfnis und zu den Zubettgehzeiten dargestellt, und zu den Träumen von Kindern. Auch Schlafschaukeln, Schlafwandeln, Albträume, Bettnässen, nächtliches Zähneknirschen sowie Unausgeschlafenheit können beunruhigen. Wir zeigen: Was davon ist harmlos, was muss als Schlafstörung verstanden werden, wie können Eltern und Kind damit umgehen?

Der letzte Teil des Buchs bietet Materialien, zunächst einige Spiele und Verse für die Zubettgehzeit, anschließend Gutenacht- und Entspannungsgeschichten. Sie sind bei der Bewältigung von Schlafproblemen hilfreich und bereichern die Zubettgehzeit für Eltern und Kinder.

Sabine Friedrich & Dr. Volker Friebel

Zubettgeh-probleme

Je nach Alter zeigt etwa ein Zehntel bis die Hälfte aller Kinder Zubettgeh-probleme. Ein Grund kann die Angst vor Trennung sein, ein anderer der Drang nach Unabhängigkeit.

»Ich will aber noch aufbleiben!«

»Fabian! Schalt jetzt den Fernseher ab und komm ins Bad!« Julia Kruse füllt gerade den Zahnputzbecher ihres fünfjährigen Sohnes. Sie wartet noch etwas. Als sie ihn aber nicht kommen hört, ruft sie noch mal, diesmal lauter: »Fabian, das Sandmännchen ist längst vorbei, komm jetzt bitte ins Badezimmer!«

Aus dem Wohnzimmer hört sie unwilliges Maulen ihres Jüngsten, irgendetwas in der Art: »Och … immer ich … will aber noch aufbleiben … Lisa darf ja auch noch fernsehen …«

Die Mutter hört da gar nicht mehr hin, es ist schließlich fast jeden Abend dasselbe. Sie geht ins Wohnzimmer.

»Fabian, wenn du jetzt nicht kommst, gibt es morgen kein Sandmännchen!« Obwohl Julia eigentlich nichts von Drohungen hält, ist ihr heute – wie fast jeden Abend – schon wieder eine herausgerutscht. Gleich hat sie ein schlechtes Gewissen. Und gleich ärgert sie sich wegen dieses schlechten Gewissens.

Sie benützt ja inzwischen einige Varianten, beispielsweise: Wenn du jetzt nicht kommst, lese ich dir heute Abend keine Geschichte vor. Oder: … kriegst du morgen den ganzen Tag keine Süßigkeiten. Oder: … kriegst du den Bagger nicht, den du dir wünschst. Und so weiter. Sie weiß genau, dass das eigentlich nichts bringt, denn das Sandmännchen darf er dann am nächsten Tag doch sehen, weil Julia ihre Drohung bis dahin längst vergessen hat. Auch die Geschichte bekommt er vorgelesen, weil ihr Fabian mit seinem Gejammere schon bald wieder leidtut. Bekommt er zu Hause keine Süßigkeiten, so holt er sich die bei Oma. Und letztendlich weiß er auch, dass der Baggerwunsch doch irgendwann erfüllt wird.

Auch heute Abend fruchtet ihre Drohung wenig. Fabian lümmelt immer noch vor dem Fernseher und denkt gar nicht daran, aufzustehen. Julia versucht es noch mal: »Fabian, wenn du jetzt nicht ins Bett gehst, bist du morgen früh so müde, dass du wieder erst spät in den Kindergarten kommst, dann ist die Bauecke vielleicht schon belegt.«

»Heute hat mir Tobias die schöne Burg kaputt gemacht, die ich aufgebaut hab«, beklagt sich Fabian bei seiner Mutter. »Siehst du«, Julia weiß sofort, dass sie jetzt einen Trumpf in der Hand hat, »ich würde an deiner Stelle jetzt schnell ins Bett gehen, damit du morgen rechtzeitig in die Bauecke kommst.« »Aber Lisa darf auch noch aufbleiben und fernsehen, das ist gemein. Immer muss ich zuerst ins Bett.« Fabian spult sein allabendliches Programm ab.

»Lisa macht den Fernseher jetzt auch aus«, sagt Julia und zwinkert Lisa zu. Lisa versteht den Wink absolut nicht und protestiert: »Aber Mama, du hast mir doch versprochen, dass ich heute noch einen Film sehen darf!« Julia wirft Lisa einen ärgerlichen Blick zu. Jetzt versteht sie endlich. Sie geht zum Fernseher und macht aus. Aber von dem Blick, den sie Mutter und Bruder zuwirft, könnte Milch sauer werden.

»Hopp, Fabian, ab ins Bad!« Diesmal hat Julia Erfolg, Fabian trollt sich davon. Fünf Minuten später steht er im Schlafanzug da. »Mama, den Schlafanzug will ich nicht anziehen, der ist gar nicht kuschelig. Ich will lieber den gelben haben, den ich von Oma zum Geburtstag gekriegt hab.« Julia überlegt kurz, ob sie sich jetzt auf einen Kampf einlassen soll. Falls ja, wird es vermutlich ein Riesengeschrei geben. Nein, heute wird sie nachgeben, es ist schließlich fast acht Uhr. »Also gut, hol dir den gelben, aber beeil dich!«

Das Zähneputzen klappt klaglos. Fabian sagt Lisa und seiner Mutter Gute Nacht, dann liest der Vater ihm noch eine Geschichte vor. Als der sich verabschieden will, quengelt Fabian: »Och, Papa, lies mir noch eine Geschichte, die war ja so kurz!« »Es ist wieder so spät geworden«, kontert der Vater, »da kann ich keine lange Geschichte vorlesen.« »Ach bitte, Papa, noch die Geschichte vom kleinen Bären, der seine Hose verloren hat ... bitte!« »Also schön, aber das ist dann wirklich die letzte Geschichte, klar?« »Klar, Papa«, lacht Fabian und kuschelt sich wieder an seinen Vater. Zehn Minuten später ist die Geschichte zu Ende. Der Vater gibt Fabian noch einen Gutenachtkuss und will aus dem Zimmer gehen.

»Papa, ich muss noch mal aufs Klo.« »Hättest du dir das nicht vorher überlegen können?« Jan Kruse wird langsam sauer. »Also, dann geh, aber beeil dich ein bisschen.« Fabian rennt los und kommt nach wenigen Minuten wieder. Der Vater gibt ihm vorsichtshalber noch mal einen Gutenachtkuss. Dann geht er ins Wohnzimmer zu seiner Frau. Die hat inzwischen Lisa ins Bett gebracht, die den Film doch nicht mehr sehen wollte.

»Das war ja wieder ein Theater«, Jan Kruse setzt sich neben seine Frau aufs Sofa. »Wie viele Geschichten musstest du ihm denn vorlesen?« »Zwei«, antwortet Jan. »Nur zwei, da bist du ja gut weggekommen. Ich hab ihm neulich vier vorgelesen, bis er endlich Ruhe gab.« »Du lässt dich halt zu leicht breitschlagen. Ich glaube, wir müssten da einfach konsequenter sein. Eine Geschichte – und dann Schluss.«

Jan hat kaum ausgesprochen, als die Tür aufgeht und Fabian im Zimmer steht. »Mama, ich hab noch Durst.« »Dann trink noch ein Wasser und geh sofort wieder ins Bett.« Fabian lässt sich mit dem Trinken viel Zeit. Als das Glas leer ist, setzt er sich zu seinen

Spielsachen auf den Boden. »Fabian, was fällt dir ein, es ist fast neun Uhr, geh sofort zurück ins Bett!« »Ich will aber noch mein Duplo-Schiff fertig bauen!«

»Fabian, wenn du nicht sofort ins Bett gehst, passiert was!« Jan Kruse sieht jetzt so grimmig aus, dass Fabian doch abzieht – aber nicht, ohne noch vorher Mama und Papa einen weiteren Gutenachtkuss zu geben.

»Warum liegen eigentlich bei deiner Freundin Natascha jeden Abend beide Kinder um halb acht im Bett, wie sie behauptet? Warum klappt das bei ihr so gut, und wir haben jeden Abend dasselbe zweistündige Theater?« Jan schaut seine Frau fragend an. »Keine Ahnung«, meint die. »Aber ich kann sie ja mal fragen, vielleicht gibt es da einen Trick, den wir nicht kennen. Ja, ich glaub, ich ruf sie morgen mal an.«

Was sind Zubettgehprobleme?

Die Kruses sind mit ihren Problemen keineswegs allein. Je nach Alter zeigt etwa ein Zehntel bis die Hälfte aller Kinder Zubettgehprobleme. Bei fast allen Kindern können die geplagten Eltern gut beobachten, wie sie immer reizbarer und aggressiver werden, je weiter es in den Abend hineingeht. Das ist als Versuch des Kindes zu verstehen, mit immer mehr »Schwung« und Bewegung gegen seine zunehmende Müdigkeit anzugehen. Dass man sich durch Sport und Bewegung zumindest kurzfristig wieder etwas wacher machen kann, ist auch uns Erwachsenen bekannt. Auch das Kind wendet diese Möglichkeit an – leider allerdings meistens nicht dann und nicht so, wie es Eltern sich wünschen, sondern eben gerade zur Unzeit, zur Bettzeit, wenn es ums Schlafengehen geht.

Bis ins Schulalter hinein nehmen Zubettgehprobleme im Durchschnitt zu, und zwar sowohl bei Jungen als auch bei Mädchen. Die Widerstände beim Zubettgehen können enorm sein – im Bett aber schlafen die Kinder dann meist schnell ein. Müde genug sind sie ja. Schläft ein Kind dann im Bett nicht ein, liegen keine reinen Zubettgehprobleme vor. Dann sollten die Eltern erkunden, ob das Kind sich vielleicht wegen schlafbezogener Ängste, aus Furcht vor Albträumen oder Ähnlichem vor Bett und Schlaf fürchtet. Oder es könnte sein, dass die Bettgehzeit tatsächlich deutlich zu früh liegt. Der Versuch mit einer späteren Bettgehzeit bringt hierüber Aufschluss. Ein Schlafprotokoll (siehe Seite 20) hilft beim Festlegen der neuen Schlafzeiten.

Schlafbezogene Ängste bei Kindern sind häufig. So ängstigen sich Kinder generell vor der Trennung von den Eltern. Vor allem in den ersten Lebensjahren ist das Kind immer wieder unsicher, ob eine Trennung zur Bettzeit nicht endgültig ist. Spielen in diese Trennung dann auch noch Spannungen zwischen Eltern und Kind oder aktuelle Streitigkeiten hinein, verstärken sich diese Ängste und die Reaktionen des Kindes darauf. Der Wunsch der Eltern, das Kind endlich ins Bett zu bekommen, wird vom Kind dann leicht so verstanden, als wollten es die Eltern (endgültig) loswerden oder es abschieben. Das Kind wehrt sich dagegen, mit den Mitteln, die es eben zur Verfügung hat.

Auch Ängste vor bestimmten Gegenständen im Kinderzimmer können eine gewisse Rolle bei Zubettgehproblemen spielen. Kinder erwähnen selbst häufig, dass sie vom Wind bewegte Gardinen mit Gespenstern verbinden. Auch die Umrisse einiger Pflanzen können im Dunkeln unheimlich anders erscheinen. Wenn Sie nach solchen Ängsten fragen, können Sie meistens leicht die Ursache abstellen. Selten aber lassen sich Zubettgeh- oder Einschlafprobleme allein damit lösen.

Klein sein heißt abhängig sein. Mit zunehmendem Alter werden Kinder immer selbstständiger, aber ihr Drängen zur Selbstständigkeit läuft ihren tatsächlichen Fähigkeiten oft weit voraus (vor allem bei Jungen). So besteht die Gefahr, dass das Kind das längere Aufbleiben zur Bettzeit als Schlachtfeld im Kampf um mehr Unabhängigkeit gebraucht. So wie die Erwachsenen oder ihre älteren Geschwister wollen sie sein: Je länger sie aufbleiben, umso erwachsener sind sie.

Eltern möchten für ihre Kinder sorgen, sie wollen für ihr Kind »das Beste«. Kinder aber möchten möglichst viel selbst bestimmen und zeigen ihre Unabhängigkeitsbestrebungen gern abends, wenn es ins Bett gehen soll. Immerhin folgt daraus auch etwas Positives: Zubettgehprobleme sind etwas ganz Natürliches, sie verschwinden von selbst wieder, wenn ihre Zeit gekommen ist. Bis dahin gilt es, mit ihnen möglichst gut zurechtzukommen.

Das längere Aufbleiben wird als Schlachtfeld im Kampf um mehr Unabhängigkeit gebraucht.

Hilfen für die Bettgehzeit

Ein paar Tage später kommt Julia Kruses Freundin Natascha zu Besuch. »Du hast ja neulich am Telefon voll fertig geklungen«, sagt sie beim Kaffee. »Ja«, seufzt Julia. »Wir haben zurzeit Probleme mit Fabian. Du glaubst gar nicht, was für ein Theater der jeden Abend beim Zubettgehen macht. Oft brauchen wir zwei Stunden, bis er endlich im Bett liegt, und wir sind hinterher völlig erledigt. In letzter Zeit streiten wir sogar schon deswegen. Ich verstehe Jan ja, er kommt abgeschafft von der Arbeit nach Hause und muss dann dieses ewige Theater aushalten.« »Na, nun mach aber mal halblang«, meint Natascha. »Du hast den Tag über auch etwas getan, oder?«

»Ja, ja, du hast schon recht, aber irgendwie erwartet er von mir, dass **ich** dieses Problem löse. Neulich hat er mir sogar unter die Nase gerieben, dass das Zubettgehen bei euch immer so problemlos klappt. Das ist auch der Grund, weswegen ich mit dir reden wollte. Ich dachte, du könntest mir sagen, wie ihr das macht. Vielleicht gibt es ja einen Trick.«

Natascha lächelt: »Also, erstens klappt das bei uns keinesfalls jeden Tag so reibungslos, und zweitens hatten wir mit Lara früher so schlimme Probleme, dass wir deswegen sogar zu einer Beratungsstelle gegangen sind. Da haben die mit uns besprochen, wie wir den Abend ruhiger verbringen können. Zum Teil hat das auch wirklich geholfen, trotzdem gibt es aber noch ab und zu Probleme. Vor allem, wenn Lara am Tag viel erlebt hat und einfach zu aufgekratzt ist, um ins Bett zu gehen. Aber vielleicht haben wir durch die Beratung auch einfach gelernt, das Ganze gelassener zu nehmen. Wir regen uns einfach nicht mehr so sehr darüber auf und sind dann vielleicht auch ruhiger, was sich auf Lara sicher günstig auswirkt.«

Vielleicht haben wir durch die Beratung auch einfach gelernt, das Ganze gelassener zu nehmen.

»Na, du hast leicht reden«, seufzt Julia Kruse. »Ich möchte schon ruhiger sein, aber nach einer Stunde Hin und Her bin ich meistens am Ende, und dann schimpfe ich los.«

»Das ist uns früher auch so gegangen«, bestätigt ihre Freundin. »Der Berater hat uns dann klargemacht, dass wir uns viel zu sehr von der Uhrzeit drängen lassen. Hans und ich wollten halt möglichst zu den Nachrichten um 20:00 Uhr mit dem Zubettbringen fertig sein. Na ja, und je näher diese Zeit herangerückt ist, desto nervöser wurden wir, wenn Lara dann noch nicht im Bett war. Auf Vorschlag des Beraters haben wir dann mal eine Woche lang die Nachrichten und den Film hinterher aufgenommen. Und mit dem Insbettbringen haben wir schon angefangen, wenn Lara die allerersten Anzeichen von Müdigkeit zeigte.

Ach, ich hab ja ganz vergessen zu sagen, dass wir zuerst eine Woche lang ein Schlafprotokoll führen mussten. Darauf haben wir eingetragen, wie lange Lara schläft, wann sie ins Bett geht, wann sie einschläft, wann sie aufwacht und so. Dadurch haben wir festgestellt, dass sie ziemlich viel Schlaf braucht, denn am Wochenende hat sie immer eine Stunde länger geschlafen als unter der Woche, weil ich sie zum Kindergarten immer wecken musste. Sie hatte da also noch gar nicht richtig ausgeschlafen und war daher am Abend schon früher müde, als ich dachte, und deshalb wohl auch aufgekratzter. Wir haben sie also statt um acht Uhr schon um sieben ins Bett gebracht, und das ging gleich viel besser. Ob du es glaubst oder nicht, wir konnten nun tatsächlich die Nachrichten sehen, das Aufzeichnen war gar nicht mehr nötig. Aber durch die Sicherheit, dass wir nichts versäumen, waren wir ruhiger und hatten mehr Geduld.«

»Zuerst mussten wir eine ganze Woche lang ein Schlafprotokoll führen.«

»Das klingt ja ganz gut.« Julia ist ein bisschen neidisch. »Weißt du, bei uns ist das eigentlich ganz ähnlich, wir sind zwar nicht so scharf auf die Nachrichten, aber eigentlich möchten wir auch ab 20 Uhr Feierabend haben. Vielleicht sollte ich es auch einmal mit so einem Schlafprotokoll versuchen.«

»Na klar, das ist wirklich ganz einfach. Ich hab auch noch solche Protokollbögen zu Hause und kann sie dir nächste Woche vorbeibringen. Ach, ehe ich es vergesse, der Berater hat uns damals auch geraten, ein Zubettgehritual durchzuführen, mit Singen und Vorlesen.«

Julia Kruse winkt ab: »Vorlesen tun wir ja schon jeden Abend. Aber das Problem ist, dass Fabian immer noch eine Geschichte und noch eine Geschichte will und sich nie zufriedengibt.«

»Vielleicht wäre es gut, wenn du vorher mit Fabian besprichst, wie viele Geschichten er vorgelesen bekommt, oder eine feste Zeit mit ihm vereinbarst«, schlägt Natascha vor. »Jedenfalls sollte das Ritual immer möglichst gleichförmig ablaufen, also nicht einmal zuerst Lesen und dann Zähneputzen und ein anderes Mal zuerst Zähneputzen und dann Singen, sondern möglichst jeden Abend das Gleiche in der gleichen Reihenfolge. Und eben auch immer genau eine Geschichte. Ohne Verhandlungen.«

»Na, jetzt hast du mir wirklich weitergeholfen, ich glaube, ich werd einiges Neue ausprobieren. Auf jeden Fall ist mir jetzt wohler, wenn bei euch auch nicht alles so gut geklappt hat wie jetzt. Dann bekommen wir es vielleicht auch hin.«

»Ja, das glaube ich bestimmt, du musst mir unbedingt erzählen, wie es bei euch geklappt hat.« Natascha steht auf und verabschiedet sich von ihrer Freundin.

Die erinnert sie: »Und vergiss bitte nicht das Schlafprotokoll.«

Kleine Zubettgehhilfen

Bettzeitrituale

Sie werden schon empfohlen, seit man überhaupt begonnen hat, sich um Kinder als Kinder zu kümmern. Wie ein solches Ritual aussehen kann, richtet sich in erster Linie nach den Gepflogenheiten in der Familie. Meist beginnt es mit ruhigem Spiel kurz vor der eigentlichen Zubettgehzeit, danach ziehen sich die Kinder um, waschen sich, putzen ihre Zähne. Schließlich wird eine Geschichte vorgelesen, ein Lied gesungen oder ein Gebet gesprochen. Manche Kinder erzählen aber lieber noch etwas vom Tage oder lassen sich von den Eltern schildern, was am Tag alles geschehen ist.

Sie werden also ein ganz eigenes Ritual entwickeln, das in Ihre und die Vorlieben und Gewohnheiten Ihres Kindes passt. Zwei Dinge sind wichtig: Das Ritual sollte vom Kind inhaltlich mitbestimmt werden. Und es sollte jeden Abend weitgehend gleichförmig ablaufen. Diese Monotonie ist für die Kinder meist nicht langweilig (anders als für die Erwachsenen), sondern vermittelt Sicherheit und Vertrautheit und ist daher dem Schlaf förderlich. Das Zubettgehritual schafft einen entspannten Übergang zwischen Tag und Nacht und erleichtert dem Kind die nächtliche Trennung von den Eltern. Das Bettzeitritual sollte eine halbe Stunde nicht überschreiten. Fordert das Kind immer noch eine Geschichte und noch ein weiteres Lied, können Sie vielleicht in Zukunft vorher die Anzahl von Geschichten und Liedern festlegen, müssen sich daran dann aber auch halten.

Das Ritual sollte vom Kind inhaltlich mitbestimmt werden. Und es sollte jeden Abend weitgehend gleichförmig ablaufen.

Schmusetier und Nachtlicht

Damit das Kind möglichst angstfrei ins Bett geht, können die Eltern auf **kleine Schlafhilfen** zurückgreifen, die von den Kindern oft selbst gefordert werden. Dazu gehört das Schmusetier oder

die Lieblingspuppe, die über die Einsamkeit im Bett hinweg-
trösten kann, aber auch das kleine Nachtlicht oder ein einge-
bauter Dimmer, damit das Zimmer nicht so dunkel ist und keine Ängste entstehen. Wenn das beim Einschlafen hilft, können
Sie auch die Tür einen Spalt offen lassen, damit das Kind Sie
oder die Geschwister noch ein wenig hört. Diese kleinen Schlafhilfen wirken beruhigend und erleichtern damit auch das Zubettgehen.

Regeln

Wichtig ist beim abendlichen Zubettgehen auch das **Aufstellen
und Einhalten von Regeln** durch die Eltern. Wenn Ihr Kind nur
lange genug Widerstand leisten oder quengeln muss und dann
doch fernsehen darf, haben Sie damit den Keim für endlose
abendliche Auseinandersetzungen gelegt. Vereinbaren Sie vorher die Zubettgehzeit, und achten Sie darauf, dass sie eingehalten wird. Wichtig ist auch, mit dem Zubettbringen rechtzeitig
zu beginnen, damit das abendliche Ritual ohne Hektik ablaufen
kann. Auf ein ruhiges, entspanntes abendliches Ritual, bei dem
sich die Eltern ausreichend Zeit nehmen, wird sich das Kind
freuen und somit auch gern ins Bett gehen. Spürt es hingegen
Hektik und Unruhe bei den Erwachsenen, weil die beispielsweise den Abendfilm oder die Nachrichten nicht verpassen möchten, so wird es sich leicht abgeschoben vorkommen und das Zubettgehen womöglich mit allen Mitteln hinauszuschieben
versuchen.

Vereinbaren Sie vorher die Zubettgehzeit, und achten Sie darauf, dass sie eingehalten wird.

Schlafkalender

Eine weitere Möglichkeit, mit den Zubettgehproblemen klarzu-
kommen, ist der Einsatz eines **Belohnungskalenders**. Dabei erhält
das Kind für jeden Abend, an dem das Zubettgehen reibungslos und wie verabredet klappt, einen kleinen Aufkleber in ein
Kästchen des Monatskalenders (siehe Abbildung S. 19). Hat das

SCHLAFKALENDER FÜR

Montag	Dienstag	Mittwoch	Donnerstag	Freitag	Samstag	Sonntag

Kind zum Beispiel drei Aufkleber hintereinander erhalten, darf es sich von den Eltern eine gemeinsame Aktivität – etwa ein Gesellschaftsspiel – wünschen. Nach einiger Zeit, wenn das Kind bereits häufig ohne Probleme ins Bett geht, wird der Kalender uninteressant und kann wieder abgehängt werden.

Schlafkalender

Schlafprotokoll

Freundin Natascha erwähnte auch ein **Schlafprotokoll**. Tatsächlich haben Schlafprobleme – auch bei Erwachsenen – sehr häufig mit falschen Einschätzungen zu tun, wie viel Schlaf eigentlich nötig ist. Eltern meinen fast immer, dass ihre Kinder zu wenig schlafen. Lässt man sie einmal notieren, wie viele Stunden ihr Kind tatsächlich schläft, kommt meist mehr heraus, als die Eltern erwartet haben. Ein solches Protokoll kann also zur Beruhigung der Eltern dienen, wenn sie meinen, ihr Kind schlafe zu wenig. Der Hauptzweck ist aber ein anderer.

Eltern meinen fast immer, dass ihre Kinder zu wenig schlafen.

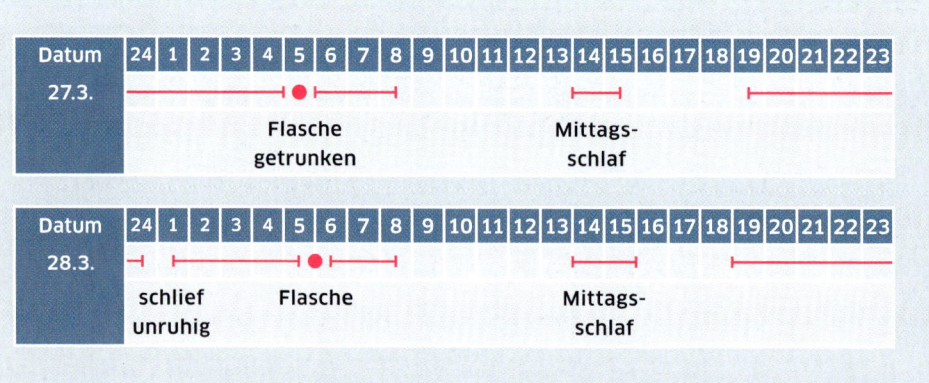

Nicht selten gibt es nämlich mit Kindern Schwierigkeiten wegen der Schlafzeiten oder können Kinder nicht gut einschlafen, weil die Zubettgehzeit tatsächlich zu früh gewählt ist. Deshalb sollten Eltern bei Zubettgeh- oder Einschlafproblemen des Kindes einmal eine Woche lang genau aufzeichnen, wie viele Stunden das Kind schläft. Notieren Sie entweder die (ungefähren) Einschlaf- und Aufwachzeiten (Mittagsschlaf nicht vergessen!), oder tragen Sie sie auf eine von 0 bis 24 durchnummerierte Linie auf (die Zahlen stehen für die Stunden des Tages). Am nächsten Tag wird dann zusammengezählt. Nach einer Woche lässt sich recht zuverlässig der Durchschnitt des tatsächlich benötigten Schlafs errechnen. Und dann können Sie überprüfen, ob die Bettgehzeit dem wirklich angemessen ist. Geht das Kind in die Schule, muss es also täglich zu einer bestimmten Zeit aufstehen, ist Folgendes am einfachsten: Der täglich benötigte Schlaf wird von der Aufstehzeit abgezogen, und so ermitteln Sie, wann das Kind abends einschlafen sollte. Wenn es also um 6 Uhr aufstehen sollte und nach dem Schlafprotokoll durchschnittlich 10 Stunden schläft, sollte es um 20 Uhr schlafen. Noch eine halbe Stunde für das Einschlafritual dazugerechnet – und Sie haben die Zubettgehzeit gefunden, die für Ihr Kind angemessen ist (vergessen Sie auch hier nicht einen eventuellen Tagesschlaf).

Schlafprotokoll

Tipps bei Zubettgehproblemen im Überblick

> Führen Sie mindestens eine Woche ein Schlafprotokoll zur Ermittlung der günstigsten Zubettgehzeit.

> Achten Sie auf allererste Anzeichen von Müdigkeit. Warten Sie nicht erst, bis das Kind »hundemüde« ist, da ein übermüdetes Kind aufdreht und quengelig wird.

> Ein festes, gleichförmiges Zubettgehritual ist wichtig. Die dazu aufgestellten Regeln sollten Sie konsequent einhalten (beispielsweise Waschen, Zähneputzen, **eine** Geschichte vorlesen, **ein** Lied singen). Eine halbe Stunde sollte dabei nicht überschritten werden.

> Setzen Sie sich nicht unter Zeitdruck, beispielsweise wegen des Fernsehprogramms oder weil Sie später noch ausgehen wollen. Beginnen Sie in solchen Fällen lieber früher mit dem Zubettbringen.

> Mit kleinen Schlafhilfen vermitteln Sie dem Kind Sicherheit, beispielsweise durch Steckdosenlicht, ein Schmusetier oder wenn Sie die Tür einen Spalt offen lassen.

> Ein Schlafkalender kann Anreize für zügiges Zubettgehen bieten.

> Schlafkalender und Schlafprotokoll finden Sie zum Ausdrucken auf der Internetseite www.entspannung-plus.de.

Einschlaf-
probleme

Fast die Hälfte aller Kinder, vor allem
Schulkinder, haben manchmal mit Einschlafproblemen zu kämpfen.

»Mama, ich kann nicht schlafen!«

»Das wäre geschafft!« Julia Kruse lässt sich neben ihrem Mann aufs Sofa fallen. »Ich hab Lisa noch eine Geschichte vorgelesen, und jetzt wird sie wohl hoffentlich gleich einschlafen.« »Stell dir vor, Fabian ist bei meinem Vorlesen schon eingeschlafen«, meint Jan Kruse. »Jetzt könnten wir doch mal ein kleines Glas Wein trinken, was hältst du davon?« »Ach ja, das wäre schön!« Julia holt gleich Gläser und Flasche aus dem Schrank. »Heute war es ganz schön anstrengend mit den beiden«, erzählt sie. »Mit Lisa habe ich zwei Stunden an den Hausaufgaben gesessen. Und Fabian kam alle fünf Minuten rein, weil ihm langweilig war. Ich bin jetzt richtig froh, dass wir hier mal in Ruhe zusammensitzen können.« Julia nippt an ihrem Weinglas, als plötzlich die Tür zum Wohnzimmer aufgeht.

»Mama, ich kann nicht einschlafen!« Lisa steht mit Tränen in den Augen im Türrahmen und schaut ihre Eltern flehend an. »Dass man nicht eine Minute Ruhe hat«, schimpft Jan Kruse. »Geh wieder zurück ins Bett und versuch es noch mal!« »Ich hab es doch schon **noch mal** versucht«, jammert Lisa. »Es geht eben nicht!«

»Pass auf«, meint ihr Vater. »Ich weiß einen guten Trick, damit das mit dem Einschlafen besser klappt. Bei mir hilft das immer. Du legst dich jetzt ins Bett, machst die Augen zu und stellst dir in Gedanken eine Schafherde vor. Dann beginnst du, die einzelnen Schäfchen zu zählen: Ein Schaf, zwei Schafe und immer so weiter. Du wirst sehen, das hilft.« »Also gut, dann probier ich das«, seufzt Lisa. »Gute Nacht«, und sie trollt sich.

»Na, hoffentlich klappt das«, sagt Julia und nippt wieder an ihrem Wein. »In letzter Zeit kann Lisa wirklich nicht gut einschlafen. Woran das nur liegen mag?« »Ich denke, das kommt von der Schule.« Jan schüttelt den Kopf. »Lisa nimmt alles so wichtig und regt sich vor jedem Diktat fürchterlich auf.« »Da kannst du schon recht haben«, stimmt Julia zu. »Sie ist eben so gewissenhaft.« »Von wem hat sie das wohl?« Jan lacht seine Frau an. »Ja, ja, das stimmt schon«, bestätigt die, »bei mir muss auch immer alles hundertfünfzigprozentig sein.«

»Mit dem Schafezählen hat es nicht geklappt!« Lisa steht schon wieder in der Tür.

»Dann probieren wir es halt mit dem Hausmittel von Oma, ich mach dir schnell ein Glas warme Milch«, beschließt Julia. »Igittigitt!« Lisa rümpft die Nase. »Das krieg ich nicht runter.« »Willst du nun einschlafen oder nicht?« Jan wird langsam sauer. »Warme Milch kann ich aber nicht trinken«, jammert Lisa weiter. »Dann musst du selbst sehen, wie du einschläfst«, poltert Jan. »Jedenfalls störst du uns jetzt bitte nicht mehr, wir wollen auch mal unseren Feierabend.« »Du bist gemein«, mault Lisa und zieht beleidigt ab.

»So, jetzt gibt es vielleicht Ruhe.« Jan Kruse lehnt sich ins Sofa zurück. Doch da hat er nicht mit seiner Frau gerechnet: »Findest du nicht, dass du zu grob mit Lisa umgegangen bist? Sie kann doch nichts dafür, dass sie nicht einschlafen kann.« »Jetzt fang du auch noch an«, ärgert sich ihr Mann. »Jeden Abend kommt Lisa mindestens fünf Mal wieder aus dem Bett, weil sie angeblich nicht einschlafen kann, und ich finde, es wird in letzter Zeit immer schlimmer. Meine Geduld ist am Ende, jetzt müssen wir mal streng sein, sonst tanzt sie uns nur auf der Nase herum.« »Also, ich finde, man müsste mal mit Lisa in Ruhe darüber reden, vielleicht hat sie irgendwelche Sorgen und grübelt abends darüber nach?«

»In letzter Zeit kann Lisa wirklich nicht gut einschlafen. Woran das nur liegen mag?«

»Sorgen? Was sollte eine Zweitklässlerin schon für Sorgen haben? Nein, ich denke, da bist du auf dem Holzweg. Wir müssen einfach durchgreifen, dann regelt sich das von alleine. Aber von mir aus: Red mit ihr morgen drüber, ich geh jetzt jedenfalls ins Bett.« »Typisch Mann«, murmelt Julia und nimmt sich vor, morgen mit Lisa zu sprechen.

Was sind Einschlafprobleme?

Wenn sich das Kind im Bett befindet, auch einschlafen will, aber nicht kann, dann liegen Einschlafprobleme vor. Eine Übergangsperiode vom Wachen zum Schlafen sollten die Eltern dem Kind schon zugestehen – eine halbe Stunde Wachliegen gilt noch als akzeptabel, wenn das Kind in dieser Zeit einigermaßen still im Bett bleibt und nicht nach den Eltern ruft oder zu ihnen läuft.

Eine Übergangsperiode vom Wachen zum Schlafen sollten die Eltern dem Kind schon zugestehen.

Jungen und Mädchen können von Einschlafproblemen gleichermaßen betroffen sein. Insgesamt hat etwa ein Drittel bis die Hälfte aller Kinder irgendwann einmal mit Einschlafproblemen zu kämpfen. In den ersten Lebensjahren allerdings treten sie nur selten auf, dann nehmen sie mehr und mehr zu, bei Schulkindern sind sie die mit Abstand häufigste Schlafstörung. Ob es dabei die Schule ist, die den Kindern »den Schlaf raubt«? Oder ob Eltern nun, da die Kinder auch etwas »leisten« müssen – oder zumindest müssten –, stärker darauf achten, dass die Kinder ausgeschlafen sind, und sie deshalb zu früh ins Bett schicken?

Die Frage nach den **Ursachen** ist immer schwierig. Viele Möglichkeiten sind denkbar. Oft liegen die eigentlichen Auslöser der Schlafprobleme in der Vergangenheit, sind eigentlich auch nicht mehr bedeutsam, aber die Schlafprobleme haben sich etabliert, sind »eingerissen« und werden nun durch ein ungünstiges Schlafverhalten aufrechterhalten.

So ist bekannt, dass **Krankheiten** aller Art, beispielsweise auch Schnupfen, zu Schlafproblemen führen können. Wenn nach Ende der Krankheit der »gute« Schlaf nicht wiederkommt, dann liegt die Vermutung nahe, dass die Krankheit wohl der Auslöser war, die Schlafprobleme nun aber durch andere Quellen aufrechterhalten werden. Zum Beispiel durch ungünstiges Schlafverhalten.

Auch Krankheiten aller Art, beispielsweise Schnupfen, können zu Schlafproblemen führen.

Das kann so aussehen, dass die Kinder zu früh ins Bett geschickt werden, um »endlich einmal« richtig zu schlafen, oder dass es sich während der Krankheit eingeschliffen hat, im Bett zu essen, zu lesen, womöglich fernzusehen. Deshalb ist die Suche nach tiefgründigen Ursachen bei Schlafproblemen oft ohne Erfolg, vielleicht sogar ungünstig, wenn das Kind merkt, dass es durch das Problem noch mehr Aufmerksamkeit und Zuwendung von den Eltern erhalten kann.

Immerhin, einige häufige Probleme lassen sich benennen. Auf **Angst** des Kindes wurde schon bei den Zubettgehproblemen hingewiesen. Bei Einschlafproblemen spielt sie eine noch größere Rolle. Ob es sich bewegende Gardinen sind, Autoscheinwerfer, Klappern von Rollläden, Pflanzenschatten ... oder ob es sich um Tagesereignisse handelt, die dem Kind nachgehen, am Tage vielleicht verdrängt wurden, nun aber mit Macht nach oben kommen ... Ob es die Angst vor dem Schlaf ist, der Bewusstlosigkeit ... oder die Angst vor dem Morgen ist, vor Schule oder anderen Schrecknissen: Alles ist möglich. Vermutungen bringen nicht viel, sprechen Sie mit Ihrem Kind einfach darüber. Und aus dem Gespräch – wenn denn tatsächlich Ängste eine Rolle bei den Einschlafproblemen spielen – folgen oft schon erste Lösungsmöglichkeiten.

Hilfen für das leichtere Einschlafen

Julia Kruse redet gleich am nächsten Nachmittag mit Lisa. »Ich kann doch nichts dafür, dass ich einfach nicht einschlafen kann«, beklagt die sich bei ihrer Mutter. »Das hat ja keiner behauptet«, beruhigt Julia ihre Tochter. »Papa war aber gestern voll sauer auf mich, der war richtig gemein!« »Mal langsam, Lisa! Papa hat sich bloß aufgeregt, weil du ständig wieder im Zimmer gestanden bist und er ein wenig Ruhe haben wollte. Er hat gerade bei der Arbeit viel Ärger und braucht am Feierabend einfach ein wenig Entspannung. – Aber sag mal, wie kommt es denn, dass du in letzter Zeit nicht richtig einschlafen kannst?«

»Ich weiß auch nicht recht, ich muss halt immer was denken.«

»An was denkst du denn? Machst du dir über irgendetwas Sorgen? Du weißt doch, dass du mir alles erzählen kannst.«

»Ich denk halt an das, was in der Schule war, oder an den nächsten Tag, ob wir wohl einen Test schreiben oder ob ich an die Tafel gehen muss oder so was.«

»Aber Lisa, daran brauchst du doch nicht zu denken, du bist doch gut in der Schule, und wir sind zufrieden mit dir.«

»Das weiß ich ja, trotzdem denke ich immer an so etwas, ich kann auch nichts dagegen machen.«

»Du, Lisa, mir kommt da gerade eine Idee. Wie wäre es, wenn du mir von jetzt an jeden Abend etwas über den Tag erzählst und mit mir auch noch ein bisschen über den nächsten Tag sprichst? Vielleicht musst du dann beim Einschlafen nicht mehr so viel darüber nachdenken.«

»Gut, vielleicht hilft es ja, ich möchte wirklich schneller einschlafen.«

Wie Erwachsene können auch Kinder abends ins »Grübeln« kommen und sich noch über allerlei Dinge den Kopf zerbrechen. Julias Idee, mit Lisa abends noch ein paar Minuten zu reden, ist also recht vielversprechend.

Wie Erwachsene können auch Kinder abends ins »Grübeln« kommen.

Vielleicht sollte sie auch einmal überprüfen, ob Lisa überhaupt schon müde genug ist, um ins Bett zu gehen. Ein Schlafprotokoll (siehe Seite 20) wird hier gute Dienste leisten. Wurde das Schlafbedürfnis des Kindes bisher überschätzt, das heißt, kommt das Kind mit viel weniger Schlaf aus, als Sie dachten, so sollte das Kind abends einfach etwas später ins Bett geschickt werden, damit es müde genug zum Einschlafen ist. Auch kann es manchmal nötig sein, einen zu ausgedehnten Mittagsschlaf zu reduzieren (nur bei älteren Kindern!).

Wie auch bei den Zubettgehproblemen ist es bei Einschlaf-schwierigkeiten sinnvoll, ein Gutenachtritual einzuführen, das Trennungsängste mildert und Sicherheit vermittelt. Ebenso sind hier die kleinen Schlafhilfen (siehe Seite 37) nützlich, dadurch können Ängste vor Dunkelheit oder Einsamkeit verringert werden.

Bei chronischen Einschlafschwierigkeiten haben sich auch Ent-spannungsverfahren bewährt. Eine Fantasiereise mit Atement-spannung wird im Folgenden vorgestellt. Andere Entspannungs-geschichten finden Sie im Geschichtenteil und im Netz unter www.entspannung-plus.de.

Zum Einschlafen helfen auch Entspannungs-verfahren.

Entspannung Meeratem

Meeratem ist eine Atementspannung für Kinder. In der hier vor-gestellten Version kann sie bei Ein- und Durchschlafproblemen helfen. Das Kind lernt bei der Durchführung mit den Eltern, sich selbst im Bett zu entspannen. Voraussetzung ist, dass das Kind sprachlich Geschichten gut versteht und sich auch Dinge vorstellen kann.

Meeratem beginnt als Fantasiereise. Das Kind soll die Augen schließen und sich ein Meer vorstellen und Wellen, die einen schönen Strand hinauflaufen. Im zweiten Teil kommt der Atem dazu: Mit jedem Atemzug rollt eine Welle den Strand hinauf. Im dritten Teil stellt sich das Kind vor, dass mit jeder Welle, mit jedem Atemzug, die Ruhe des Meeres in es hineinströmt und es immer ruhiger wird.

Beim Kennenlernen mit den Eltern sprechen diese den folgen-den Text langsam vor, mit Pausen. Die Worte können auch etwas verändert werden. So kann statt des neutralen Eingangssatzes das Kind an ein Meer erinnert werden, das es schon kennt.

Dann können Sie dem Kind sagen, dass es sich die Wellen und den Atem und die Ruhe auch selbst vorstellen kann. Besonders gut sei die Gelegenheit dazu, wenn es Probleme beim Einschlafen habe oder nachts erwacht sei und nicht gleich wieder einschläft. Denn dann sei ja Zeit...

Stell dir eine Meeresküste vor.
Wellen laufen den Strand hinauf, wieder und wieder.
Stell dir eine Welle vor, wie sie den Strand hinaufläuft – und wieder zurückspült ins Meer. Die nächste Welle rollt über sie.
Du hörst den ruhigen Klang der Wellen.
Vielleicht hörst du auch Möwen rufen, die kreisen am Himmel über dem Meer.
Das Brausen der Wellen, wenn es den Strand hinaufspült – und wieder hinunter, von der nächsten Welle schon überrollt.
Du spürst die Ruhe des Meeres...
Achte auf deinen Atem. Bei jedem Atemzug hörst du eine Welle des Meeres...
Zwischen den Atemzügen ist Stille – ruhig, lebendig, klar.
Achte so einige Atemzüge lang einfach auf deinen Atem – und auf die Wellen des Meeres...
Achte darauf, wie bei jedem Atemzug die Ruhe des Meeres in dich hineinströmt. Bei jedem Atemzug strömt Ruhe in dich...
Du spürst die Ruhe tief in dir wachsen...

Die Freiburger Sanduhr

Vater: »Was starrst du die Sanduhr an. Dein Kind schreit!«
Mutter: »Komm, setz dich zu mir …«

Wie können Sie das eigene Einschlafen oder Wiedereinschlafen Ihres Kindes fördern? Bei vielen Kindern sehr gut bewährt hat sich die »Freiburger Sanduhr«.

Zunächst müssen Eltern lernen, dem Kind eindeutige Signale zum Einschlafen zu geben. Sie legen das Kind in sein Bett, decken es zu, führen bei einem etwas älteren Kind ein kleines Einschlafritual durch. Sie löschen das Licht oder verdunkeln zumindest. Dann sagen Sie Gute Nacht und gehen aus dem Zimmer. Dieses immer gleiche Zubettgehritual kann etwa 30 Minuten dauern, länger bringt nicht viel.

Zunächst müssen Eltern lernen, dem Kind eindeutige Signale zum Einschlafen zu geben.

Beginnt das Kind nach der Verabschiedung der Eltern zu weinen oder zu schreien, so warten Sie eine Zeit und gehen dann wieder zum Kind. Sie decken es erneut zu und sagen einen bestimmten Standardsatz, beispielsweise »Alle Kinder schlafen schon, und du schläfst jetzt auch schön«. Vielleicht summen Sie auch monoton oder streicheln das Kind. Aber nehmen Sie es nicht aus dem Bett oder spielen oder reden mit ihm. Nach drei Minuten verlassen Sie wieder das Zimmer. Dieses Vorgehen wiederholen Sie so lange, bis das Kind eingeschlafen ist.

Vater: »Wie lange willst du das noch probieren?«
Mutter: »Solange es braucht.«

Wenn ein Kind zum Einschlafen lange Hilfe erhalten hat, dauert es in der Regel etwa drei bis vier Nächte, bis diese Methode Erfolg hat. Wichtig ist, die Zeitspanne bis zum nächsten Hineingehen zum Kind möglichst konstant zu halten und dann mit dem Kind nicht viel zu reden, sondern sich auf diesen einen Satz zu beschränken oder monoton zu summen, es höchstens noch leicht zu streicheln oder zu berühren, aber nicht aufzunehmen. Alles andere könnte das Kind als Aufforderung zum Wachbleiben interpretieren. Dunkelheit oder gedämpftes Licht signalisiert dem Kind, dass nach wie vor Schlafenszeit ist.

Genauso verfährt man, wenn das Kind nachts aufwacht und schreit. Man wartet zunächst einige Minuten ab, ob das Kind sich vielleicht doch noch selbst beruhigt. Ist dies nicht der Fall, geht man hinein, gibt dem Kind vielleicht einen Schnuller, deckt es wieder zu, sagt den einen Satz oder summt – und verlässt das Zimmer wieder, auch wenn das Kind noch weint. Nach einigen Minuten des Wartens kommt man dann wieder, wenn das Kind immer noch weint, und wiederholt alles wie vorher. So verfährt man, bis das Kind von selbst wieder eingeschlafen ist.

Es dauert in der Regel etwa drei bis vier Nächte, bis diese Methode Erfolg hat.

Diese Methode hört sich nach anstrengender Geduldsprobe an, vor allem, wenn das Kind normalerweise häufig in der Nacht aufwacht. Eltern, die dieses Vorgehen schon beim Einschlafen des Kindes anwenden, machen oft die Erfahrung, dass es bereits in der ersten Nacht besser durchschläft als sonst. Offensichtlich wirkt sich die Tatsache, dass das Kind selbst in den Schlaf gefunden hat, günstig auf das nächtliche Durchschlafen aus. Das feste und klare Vorgehen der Eltern beim Einschlafen gibt dem Kind Sicherheit für das weitere Schlafen in der Nacht.

Vater: »Das Kind ist unermüdlich!«
Mutter: »Wir sind zu zweit, wir wechseln uns ab.«

Wechseln Sie sich tageweise ab, da die Zeitspanne bis zum Einschlafen zunächst sehr lang sein kann. Wer mit dem Gutenachtritual begonnen hat, begleitet das Kind auch weiter bis zum Schlaf. Jede Nacht immer der andere, innerhalb einer Nacht aber immer derselbe Elternteil: So sollten die Rollen verteilt werden.

Der Freiburger Schlafforscher Ulrich Rabenschlag hat zu dieser schon länger bekannten Methode ein festes Schema entwickelt, wie Eltern das abendliche Vorgehen zeitlich gestalten, eben die sogenannte **Freiburger Sanduhr.**

So heißt das Schema, weil die Zeiten einfach mit einer Eieruhr bestimmt werden. Der Sand rieselt genau drei Minuten, und die Eltern haben mit seiner Beobachtung etwas zu tun. Denn die Methode kann, wie gesagt, zunächst sehr anstrengend sein.

Beachten Sie aber: Für zu kleine Kinder ist diese Methode eine Überforderung! Das Kind muss gelernt haben (tagsüber), dass die Eltern noch da sind, obwohl sie das Zimmer verlassen. Das gelingt ihm etwa ab dem 12. Lebensmonat, im Einzelfall auch früher oder später.

Sehr wichtig ist äußerste Konsequenz.

Und gleichfalls sehr wichtig ist es, einige Nächte durchzuhalten, mindestens drei, möglichst mehr. Bei manchen Kindern dauert es auch zehn Nächte, bis sie gut einschlafen können.

Nach der Freiburger Sanduhr würde zum Beispiel die zweite Nacht folgendermaßen ablaufen: Zunächst gibt es, wie jeden Abend, ein Gutenachtritual von höchstens 30 Minuten. Das Kind wird dann im Bett alleine gelassen, die Uhr gestellt. Wenn es weint, gehen Sie nach drei Minuten (nicht früher!) wieder hinein und führen ein kleines Ritual durch, vielleicht lediglich mit neuem Zudecken, Berühren oder sanftem Streicheln und Summen oder monotonem Reden: eher weniger als mehr. Nach drei Minuten gehen Sie wieder hinaus. Weint das Kind weiter, gehen Sie

Der Ablauf bleibt jede Nacht gleich, bis das Kind eingeschlafen ist.

Das Schema der Wartezeiten (Angaben in Minuten)

	1. Wartezeit	2. Wartezeit	3. Wartezeit	4. Wartezeit
1. Nacht	3	3	6	6
2. Nacht	3	6	6	9
3. – 5. Nacht	3	6	9	9
6. – 8. Nacht	6	6	9	9
Weitere Nächte	9	9	9	9

Die kleinen Rituale zwischen den Wartezeiten betragen immer genau drei Minuten. Muss häufiger als viermal zum Kind gegangen werden, gelten die Minuten der vierten Wartezeit.

nach sechs Minuten wieder hinein und führen das immer gleiche kleine Zwischenritual durch. Nach drei Minuten wieder hinaus. Weint das Kind nach weiteren sechs Minuten immer noch, gehen Sie wieder für drei Minuten hinein. Weint das Kind weiter, sind die Wartezeiten draußen ab nun immer neun Minuten bis zum Hineingehen. Die Zeit des Zwischenrituals bleibt immer bei drei Minuten. Mit etwas anderen Längen für die Wartezeiten bleibt dieser Ablauf jede Nacht gleich, bis das Kind eingeschlafen ist.

Vater: »Müssen wir immer genau nach diesem Schema …?«
Mutter: »Regelmäßigkeit beruhigt.«

Andere Schlafforscher haben etwas andere Zeiten empfohlen. Wichtig sind in erster Linie die Verlässlichkeit und Regelmäßigkeit, nicht die genaue Minutenzahl. Hat man sich aber für ein bestimmtes Schema mit einer bestimmten Minutenzahl entschieden, sollte dies auch strikt eingehalten werden.

Diese Methode ist nicht unfehlbar, aber sie gilt als bestes Mittel zur Behebung von Einschlafproblemen bei kleinen Kindern ab dem ersten Lebensjahr. Sie kann sofort gut funktionieren, sie kann aber auch erst nach einigen Nächten zum Erfolg führen und Eltern und Kind sehr belasten.

Wir möchten Sie noch einmal daran erinnern: Setzen Sie die Methode konsequent um! Gefragt sind – wie immer bei kleinen Kindern – die Ruhe und Geduld der Eltern. Es geht nicht darum, ja nichts falsch zu machen, sondern darum, einen Raum zu bereiten, in dem das Kind sich entwickeln kann. Das muss es alleine. Das kann es alleine. Das wird es alleine. Eltern dürfen hier auf das Kind und auf sich selbst vertrauen.

Tipps für Einschlafprobleme

> Schlafbedarf mithilfe eines Schlafprotokolls ermitteln.

> Tagesereignisse zusammen mit dem Kind noch einmal Revue passieren lassen, auch über den nächsten Tag kurz sprechen. Das reduziert Erwartungsängste und baut Tagesspannungen ab.

> Ein Gutenachtritual reduziert Ängste und gibt Sicherheit.

> Entspannungsgeschichten oder Entspannungsübungen (etwa »Meeratem« auf Seite 30) geben dem Kind die Möglichkeit, sich selbst zu beruhigen und Tagesspannungen zu lösen.

> Bei kleinen Kindern etwa zwischen 1 und 3 Jahren hilft die Freiburger Sanduhr (siehe Seite 32).

Durchschlafprobleme

Bis etwa zum Schuleintritt sind Durchschlafprobleme die häufigsten Schlafschwierigkeiten bei Kindern, dann treten stärker Probleme mit dem Einschlafen in den Vordergrund.

»Mir wird's hier zu eng!« – der Vater murrt

»Papa, Papa!« Jan Kruse schreckt aus tiefstem Schlaf hoch. »Was?… Wie?… Ach so, Fabian, du bist es… Ist was passiert? Wie viel Uhr ist es eigentlich? O Gott, erst zwei Uhr, mitten in der Nacht, geh wieder ins Bett und schlaf!« »Papa, darf ich zu dir ins Bett kommen?« »Von mir aus«, ächzt Jan. Er ist zu müde zum Streiten.

»Papa, darf ich zu dir ins Bett kommen?«

Fabian klettert geschickt in die »Besucherritze«, zieht ein Stück von Papas Decke über sich und kuschelt sich ganz dicht an ihn. Wenige Augenblicke später spürt Jan wieder eine Erschütterung an seinem Bett. Er schafft es nicht, die Augen aufzumachen, und er weiß sowieso schon Bescheid: Lisa hat gehört, dass ihr Bruder aus dem Kinderzimmer geschlichen ist, und kommt jetzt ebenfalls ins Elternbett. So ist das häufig.

Jan zerrt am letzten Stück Bettdecke, das ihm noch geblieben ist, und versucht weiterzuschlafen.

»Au!« Wieder wird Jan aus dem Schlaf gerissen. Was er gerade im Gesicht gespürt hat, war offensichtlich ein Fuß. Der Fuß von Fabian, um genau zu sein. Fabian liegt inzwischen mit den Füßen am Kopfende, ein kurzer Blick auf den Wecker, drei Uhr zwanzig, aha. Gott sei Dank noch nicht Zeit zum Aufstehen. Auf Jan Kruses eingeschlafenem linkem Bein liegt Lisa. Vorsichtig zieht er seinen Fuß unter Lisa hervor. Ab jetzt muss er also mit angezogenen Beinen schlafen. Hauptsache: schlafen. Um nicht wieder mit Fabians Fuß in Berührung zu kommen, rückt er ein Stück nach hinten. »Verdammt!«

Das war ja schon die Bettkante! Jan rappelt sich auf und betrachtet seine Frau und die beiden Kinder. Komisch, die scheinen prächtig zu schlafen. Er jedenfalls beschließt, für diese Nacht aufs Wohnzimmersofa auszuwandern, da hat man wenigstens seine Ruhe. »Und morgen lasse ich einfach keinen mehr in mein Bett«, murmelt er vor sich hin, während er sich auf dem kurzen Sofa zu strecken versucht und die dünne Wolldecke mühsam über die Füße strampelt.

»Morgen lasse ich einfach keinen mehr in mein Bett«, nimmt sich Papa vor.

Durchschlafprobleme und ihre Folgen

Durchschlafprobleme sind bis etwa zum Schuleintritt die häufigsten Schlafschwierigkeiten bei Kindern, dann treten stärker Probleme mit dem Einschlafen in den Vordergrund. Ab dem 8. Lebensjahr erwacht nur noch etwa eines von fünfzig Kindern regelmäßig und im Sinne einer Durchschlafstörung während der Nacht, bei etwa einem Viertel aller Kinder ist es gelegentlich der Fall. In den Jahren davor liegen beide Zahlenwerte deutlich höher, wobei Jungen etwas häufiger betroffen sind als Mädchen.

Einfaches Erwachen während der Nacht wird man schwerlich als Durchschlafstörung ansehen. Auch die meisten Erwachsenen erwachen nachts mindestens einmal – und schlafen nach dem Gang zur Toilette ohne Weiteres wieder ein. Sie erinnern sich am nächsten Morgen oft gar nicht mehr daran. Und Eltern wissen, weshalb sie den nächtlichen Gang zur Toilette beim Kind nicht als Problem, sondern besser als begrüßenswerte Leistung betrachten sollten ...

Als Durchschlaf**störung** wird man nächtliches Erwachen des Kindes erst dann ansehen, wenn es Eltern oder Geschwister weckt, und das heißt eben, wenn das Kind nicht selbstständig wieder einschlafen kann.

Für die Ursachen nächtlichen Erwachens gilt wieder, dass man sich vor zu tiefschürfenden Analysen hüten sollte. Häufig haben banale Probleme, zum Beispiel eine Erkältungskrankheit, einmal als Auslöser fungiert, die Durchschlafprobleme werden aktuell aber durch ganz andere Umstände aufrechterhalten. Und diese Umstände sind oft dieselben wie bei den Einschlafproblemen: Ungünstige Schlafgewohnheiten haben sich eingeschlichen, die Bettgehzeit liegt zu früh oder die Eltern gewähren zu viel Aufmerksamkeit, wenn sich das Kind nachts meldet.

Kommt Ihr Kind nachts zu Ihnen und kümmern Sie sich dann zu intensiv um es, fasst es das womöglich als Belohnung auf und wird in der Folge nachts des Öfteren von sich hören lassen. Auch häufig wechselnde inkonsequente Reaktionen, einmal zornig, dann wieder sehr entgegenkommend, können die Durchschlafprobleme verschlimmern.

Sie sollten auch bedenken: Durchschlafen ist eine Kunst, die das Kind im Laufe der Zeit erst lernen muss. Wie alle Eltern aus leidvoller Erfahrung wissen, folgt das Neugeborene in den ersten Wochen und Monaten keineswegs der bei Erwachsenen üblichen Tageseinteilung, sondern bringt seinen eigenen Rhythmus mit, in dem sich Schlafen und Wachen (und Schreien) in wesentlich kürzeren Takten abwechseln. Erst die Erfahrungen des Neugeborenen – und wohl vor allem die zunehmende Reifung des Gehirns – bringen eine Umstellung auf das 24-Stunden-Schema mit sich, das wir Erwachsenen kennen und das wir auch lieben – wie uns spätestens die erste Nacht mit dem ersten Kind verdeutlicht.

Bei den meisten Kindern ist diese Umstellung mit dem ersten Lebensjahr abgeschlossen. Erst nach dem ersten Lebensjahr kann deshalb überhaupt von einer Durchschlafstörung beim Kind gesprochen werden. Vorher ist das nächtliche Erwachen des Kindes, ob wir das wahrhaben wollen oder nicht, ein völlig normaler Vorgang. Und auch noch einige Zeit nach dem ersten Lebensjahr

Durchschlafen ist eine Kunst, die das Kind im Laufe der Zeit erst lernen muss.

sollte man mit der Etikettierung »Durchschlafstörung« vorsichtig sein.

Wenn Kinder – oder Erwachsene – nachts erwachen, so geschieht das meist nicht irgendwann, sondern während besonders sensibler Phasen des Schlafs. Denn man unterscheidet den leichten Schlaf, den Tiefschlaf und den Traumschlaf. Diese lassen sich auch im Schlaflabor anhand abgeleiteter Hirnwellen gut gegeneinander abgrenzen. Auch verschiedene andere Körperfunktionen, so die Atmung und der Herzschlag, unterscheiden sich in diesen drei Hauptstadien des Schlafes deutlich voneinander.

Leichter Schlaf, Tiefschlaf und Traumschlaf wechseln während der Nacht einander ab. Etwa alle 90 Minuten (bei Kindern je nach Alter früher) beginnt eine neue Folge, ein neuer Zyklus dieser drei Zustände. Bei manchen Menschen ist der leichte Schlaf besonders leicht störbar, sodass sie, immer wenn dieser gerade an der Reihe ist (also etwa alle 90 Minuten), durch äußere Reize leicht geweckt werden können. Man spricht dann von einer besonders **niedrigen sensorischen Reizschwelle**. Auch zwischen zwei Schlafstadien, wenn das Kind also vom Tiefschlaf in den leichten Schlaf »auftaucht«, ist die Empfänglichkeit für äußere und innere Reize besonders hoch.

In der Leichtschlafphase können Kinder durch äußere Reize leicht geweckt werden.

So scheinen Phänomene wie nächtliches Zähneknirschen, Nachtschreck, Bettnässen, Schlafwandeln und Sprechen im Schlaf vor allem stattzufinden, wenn sich das Kind in diesen Zwischenbereichen des Schlafs befindet. Das mag auch einen Grund darin haben, dass die Gehirnreifung bei Kindern noch nicht abgeschlossen ist und es daher besonders beim Wechsel in andere Bewusstseinszustände, der mit dem Wechsel der Schlafstadien verbunden ist, noch zu Fehlfunktionen kommen kann. Die genannten Phänomene, oft werden sie als »Parasomnien« zusammengefasst, erklären sich schon von daher als harmlose, vorübergehende Erscheinungen (ausführlicher zu diesen Problemen ab Seite 62).

Hilfen bei Durchschlafproblemen

Die Hilfen bei Durchschlafproblemen unterscheiden sich bei älteren Kindern nicht sehr von den Hilfen, die wir in den Kapiteln über Einschlafprobleme und Zubettgehprobleme bereits angesprochen haben. Es zeigt sich auch immer wieder, dass Kinder, bei denen das Zubettgehen oder das Einschlafen besser geregelt werden konnte, plötzlich auch gut durchschlafen. Vermutlich ist es einfach für alle Schlafprobleme gleichermaßen wichtig, dass Kinder entspannt und mit einem Gefühl der Sicherheit zu Bett gehen.

Wichtig ist, dass Kinder entspannt und mit einem Gefühl der Sicherheit zu Bett gehen.

Wacht das Kind fast jede Nacht einmal oder mehrmals auf und wendet sich an die Eltern, so empfiehlt es sich zunächst, das Schlafbedürfnis des Kindes, beispielsweise mithilfe eines Schlafprotokolls, eine oder zwei Wochen lang zu überprüfen. Möglicherweise ist das Schlafbedürfnis des Kindes in der letzten Zeit gesunken, sodass es zu früh ins Bett musste, um die ganze Nacht lang durchschlafen zu können. Oder das Kind macht noch einen ausgedehnten Mittagsschlaf und ist dann mitten in der Nacht schon ausgeschlafen. Zum Schlafprotokoll und den Konsequenzen daraus siehe ab Seite 19.

Wie schon beim Zubettgehen und beim Einschlafen ist es auch zum Durchschlafen nützlich, ein abendliches Bettzeitritual einzuführen. Ein an die kindlichen Bedürfnisse anknüpfendes Ritual (siehe Seite 17) vermittelt dem Kind Sicherheit, lässt es entspannter einschlafen und damit häufig auch besser durchschlafen.

An dieser Stelle sollte auch an die kleinen Schlafhilfen, wie Nachtlicht, offene Tür und Schmusetier, erinnert werden. Sie ändern zwar nicht viel daran, dass Ihr Kind aufwacht, dafür können sie ihm aber dabei helfen, das Aufwachen alleine zu bewältigen und die Eltern oder Geschwister nicht zu stören. Wacht das Kind nämlich nachts auf und kann sich gleich im Raum orientieren, sieht zum Beispiel sein schlafendes Geschwister im anderen Bett oder hört durch die offene Tür noch die Eltern im Wohnzimmer sprechen, so wird es sich nicht ängstigen, sondern kann sich beruhigt wieder umdrehen und weiterschlafen.

Ihr Kind findet nachts häufiger seinen Tröster nicht, beispielsweise den Schnuller oder das Schmusetier? Dann bringen Sie doch gut erreichbar über dem Bett ein kleines Körbchen oder Ähnliches an und deponieren dort einen weiteren Schnuller, unter Umständen auch eine kleine Teeflasche und ein Schmusetier. So kann sich das Kind in der Nacht selbst helfen. Den meisten Kindern macht es Spaß, ein solches Körbchen zu besorgen oder zusammen mit den Eltern zu basteln. Außerdem werden die Bewältigungsmöglichkeiten der Kinder dadurch erheblich gestärkt. Die Eltern zeigen ihrem Kind damit, dass sie ihm schon zutrauen, das Durchschlafproblem selbst zu lösen.

Bei Kindern ab etwa vier Jahren kann auch ein Schlafkalender nützlich sein (siehe Seite 19). Das Kind erhält dann am Morgen von den Eltern einen kleinen Aufkleber oder Ähnliches, wenn es bei nächtlichem Aufwachen die Eltern nicht gestört hat (außer aus wichtigem Anlass), sondern es selbst geschafft hat, weiterzuschlafen.

Ungünstig ist es, wenn die Eltern dem Kind bei nächtlichem Erwachen zu viel Aufmerksamkeit zukommen lassen, es beispielsweise herumtragen, mit ihm spielen oder ihm etwas vorlesen. Auf

Schlafhilfen unterstützen Ihr Kind dabei, das Aufwachen alleine zu bewältigen.

diese Weise kann das Kind durchaus Gefallen an solchen nächtlichen Aktivitäten finden, sodass es die Eltern nun womöglich immer häufiger stört. Ein bestimmtes, ruhiges und sachliches Verhalten ist in der Nacht angebracht, denn das Kind soll ja auch lernen, den Schlaf der Eltern (und Geschwister) zu respektieren.

Auch hier führt häufig wechselndes Verhalten zu Verunsicherung und damit zu häufigeren nächtlichen Störmanövern. Nur allzu verständlich ist es, wenn Eltern in manchen Nächten sehr verständnisvoll, in anderen Nächten dagegen wütend oder gereizt auf das Aufwachen des Kindes reagieren. Auch Eltern sind nicht jeden Tag beziehungsweise jede Nacht in der gleichen Verfassung. Dennoch fördern häufig wechselnde Reaktionen das nächtliche Erwachen des Kindes und sollten, so gut es geht, vermieden werden.

Nun noch ein Wort zum Problem von Jan Kruse in unserer Einleitungsgeschichte: Wie bei Kruses kommen viele Kinder nachts zu ihren Eltern ins Bett. Meist schlafen sie dort auch sehr gut weiter und oft sogar bis zum nächsten Morgen durch. Grundsätzlich ist nichts dagegen zu sagen, das Kind mit ins Elternbett zu nehmen. Oft bessern sich dadurch die Durchschlafprobleme. Sie sollten sich aber auch über Ihre eigenen Interessen im Klaren sein und diese entsprechend berücksichtigen. So ist der nächtliche »Überfall« für Herrn Kruse so störend, dass er kaum ein Auge zumachen kann und schließlich sogar aus dem Schlafzimmer auszieht.

Sollen Kinder im Elternbett schlafen dürfen: Ja oder Nein?

In diesem Fall wäre es tatsächlich besser, wenn Jan Kruse seinen Kindern klarmachen würde, dass er nachts in seinem Bett alleine bleiben möchte, und wenn er darauf dann auch besteht. Als Unterstützung könnte er zusammen mit seinen Kindern einen Belohnungskalender basteln (siehe Seite 19). So könnte Jan Kruse seinen Kindern dabei helfen, ihr nächtliches Erwachen selbst zu bewältigen.

Bei familiären Problemen, die beim Kind zu starker Anspannung und damit unter Umständen zu Durchschlafproblemen führen können, ist es zunächst wichtig, mit dem Kind ins Gespräch zu kommen, ihm beispielsweise zu vermitteln, dass es an den Schwierigkeiten keine Schuld trägt, dass es trotz aller Probleme geliebt und akzeptiert wird. Häufig glauben Eltern, dass erst das Sprechen über die häuslichen Probleme zu Spannungen beim Kind führt, und vermeiden es deshalb eher, über solche Probleme zu reden. Tatsache ist aber, dass Kinder sehr gute Antennen für die Gefühle der Eltern haben und spüren, wenn etwas nicht in Ordnung ist. Oft beziehen sie diese Probleme dann aber auf sich und denken, sie selbst seien die Ursache für die familiären Schwierigkeiten. Helfen Gespräche im Familienkreis nicht, so empfiehlt es sich, eine Familienberatungsstelle aufzusuchen, um hier – an neutralem Ort – über die Probleme zu reden.

Trotz aller Bemühungen lassen sich manche Probleme einfach nicht beseitigen. Dann steht das Kind unter einer Dauerbelastung und braucht nun auch für sich selbst Bewältigungsmöglichkeiten. Hier kann es nützlich sein, wenn das Kind eine Entspannungsmöglichkeit lernt und diese dann selbst abends vor dem Einschlafen oder bei nächtlichem Aufwachen einsetzt. Eine Atementspannung dazu, **Meeratem**, steht auf Seite 31. Unterstützend können die Eltern dem Kind abends Entspannungsgeschichten vorlesen, beispielsweise in der Art der Geschichten vom Kätzchen oder vom kleinen Bären ab Seite 106. Damit erfährt es einen entspannten Übergang zwischen Wachsein und Schlafen und bekommt zudem noch ein wenig elterliche Zuwendung, die ihm Geborgenheit und Sicherheit vermittelt und es so besser durchschlafen lässt.

Tipps für Durchschlafprobleme

> Falls das Kind neben dem nächtlichen Erwachen auch Zubettgeh- oder Einschlafprobleme hat, diese zuerst angehen (siehe S. 8 und S. 24), da sich problemloses Zubettgehen und Einschlafen oft günstig auf das Durchschlafen auswirken.

> Falls das Kind nachts häufig Schnuller, Teeflasche oder Ähnliches braucht und im Bett nicht findet, ein Tröster-Depot einrichten, aus dem es sich selbst mit dem Notwendigen versorgen kann.

> Belohnungskalender einführen mit Aufklebebildern für Nächte, in denen das Kind ohne Störung der Eltern wieder eingeschlafen ist (siehe auch S. 19).

> In der Nacht dem Kind möglichst wenig Aufmerksamkeit zukommen lassen. Eintöniges, gleichförmiges Verhalten der Eltern ist für problemloses Weiterschlafen förderlich.

> Schlafen des Kindes im Elternbett ist nur dann eine Lösung, wenn sich Kinder und Eltern dabei wohlfühlen.

Schlafdauer, Träume und andere Fragen

Gibt es die »richtigen« Zeiten? Träumen Kinder anders als Erwachsene? Und was kann man gegen Bettnässen tun? Antworten auf diese und weitere Probleme im folgenden Kapitel.

Die richtigen Zeiten

Das Schlafbedürfnis nimmt im Laufe eines Menschenlebens von etwa 16 Stunden beim Neugeborenen auf etwa siebeneinhalb Stunden beim Erwachsenen und sechs Stunden beim alten Menschen ab. Dies sind allerdings lediglich Durchschnittswerte, schon bei Neugeborenen bestehen große individuelle Unterschiede. So kann der eine Säugling nur zwölf Stunden Schlaf benötigen, während ein anderer 18 Stunden »verschläft«.

Eines gilt aber für jedes Kind gleichermaßen: Das Schlafbedürfnis nimmt im Kindesalter besonders drastisch ab. So brauchen Zwei- bis Dreijährige im Durchschnitt noch zwölf Stunden, Zehnjährige nur etwa zehn Stunden Schlaf.

Das ist hauptsächlich auf eine Verringerung des Tagesschlafs zurückzuführen. So schlafen Kinder, die etwa ein halbes bis ein Jahr alt sind, oft noch dreimal tagsüber. Zweijährige machen dagegen meist nur noch einen Mittagsschlaf, der oft schon am Ende des dritten Lebensjahres ebenfalls eingestellt wird.

Der Schlafbedarf nimmt bis zum zehnten Lebensjahr auf etwa zehn Stunden ab.

Eltern sollten diese Entwicklung berücksichtigen, besonders, wenn sich das Kind dem Zubettgehen widersetzt, wenn es Schwierigkeiten mit dem Einschlafen hat, nachts häufig aufwacht oder aber morgens zu sehr früher Stunde erwacht. Möglicherweise wird das Kind einfach zu früh ins Bett geschickt, woraus sich dann Folgeprobleme entwickeln können. Die Schlafenszeit war vor einem halben Jahr noch in Ordnung – aber heute benötigt das Kind einfach weniger Schlaf, und die Zubettgehzeit muss dem angepasst werden.

Für Eltern stellt sich deshalb immer wieder die Frage, ob sie das Kind seinem Alter und individuellem Schlafbedürfnis entspre-

Frühaufsteher

Nicht nur bei Erwachsenen, auch bei Kindern gibt es Frühaufsteher. Sie wachen morgens zwischen fünf und sechs Uhr auf und sind putzmunter. Sämtliche Versuche, das Kind wieder zum Schlafen zu bringen, nützen nichts. Oft handelt es sich bei diesen Kindern auch um Kurzschläfer, das heißt, sie brauchen insgesamt weniger Schlaf als andere Kleinkinder.

Solche Kinder kosten viel Kraft, jedoch ist es unnötig, sich über die geringe Schlafzeit Sorgen zu machen. Stattdessen sollte versucht werden, das Kind morgens noch eine Weile im Bett zu beschäftigen, dazu können ihm (schon am Abend zuvor) Spielsachen und Bilderbücher am Fußende des Bettes bereitgelegt werden. So lässt sich manchmal erreichen, dass sich das Kind morgens noch einige Minuten alleine beschäftigt. Sie können auch versuchen, das Kind abends schrittweise etwas später hinzulegen. Häufig klappt das jedoch nicht, da die Kinder schon zu müde sind und das Einschlafen dann zum Problem wird. Auch den Tagesschlaf kann man etwas variieren, beispielsweise das Kind wecken, falls es den ganzen Nachmittag »verschläft«, um somit den Nachtschlaf zu verlängern. Hier sollte aber sehr genau auf den Erfolg geachtet werden: Der nächtliche Schlaf kann sich auch durchaus verschlechtern, wenn man den Tagesschlaf weglässt!

Beim älteren Säugling und beim Kleinkind können sich Schlafzeit und Schlafeinteilung noch von Tag zu Tag oder von Woche zu Woche ändern. Das erfordert von den Eltern große Flexibilität. Manche Kleinkinder schlafen tagsüber nur einmal, manche zwei- oder gar dreimal. Die einen schlafen tagsüber nur jeweils 20 Minuten, andere zweimal zwei Stunden. Es bleibt den Eltern kaum etwas anderes übrig, als sich diesem ständig verändernden Rhythmus einigermaßen anzupassen. Erst gegen Ende des ersten Lebensjahres haben die meisten Kinder einen relativ festen Tag-Nacht-Rhythmus entwickelt.

chend zur richtigen Zeit ins Bett schicken. Eltern können das Schlafbedürfnis ihrer Kinder recht zuverlässig herausfinden, wenn sie über einen längeren Zeitraum (mindestens eine Woche, besser zwei) notieren, wann ihr Kind wirklich schläft (siehe Seite 19). Da es im Schlafbedürfnis sehr große Unterschiede gibt, lassen sich keine verbindlichen Richtlinien dafür aufstellen, wann Eltern ein dreijähriges oder ein sechsjähriges Kind zu Bett schicken sollen. Deshalb kann nur ein individuelles Schlafprotokoll hierüber Aufschluss geben.

Grundsätzlich gilt aber, dass die Zubettgehzeit über einen gewissen Zeitraum hinweg in etwa gleich bleiben sollte. Es ist für die Gewohnheitsbildung, die beim Schlaf eine große Rolle spielt, ungünstig, wenn das Kind an einem Abend schon um 18 Uhr ins Bett geschickt wird, am nächsten aber erst um 21 Uhr, dann wieder zur alten Zeit und so fort. Natürlich gibt es immer Ausnahmen, beispielsweise, wenn die Familie am Wochenende einen längeren Besuch macht und daher erst spät nach Hause kommt. Diese Ausnahmen, sofern sie wirklich Ausnahmen sind, stören die Gewohnheitsbildung nicht sehr. Das Kind passt sich in ein oder zwei Tagen wieder an seinen alten Rhythmus an.

Die Schlafenszeiten sollten einige Zeit lang etwa gleich bleiben.

Schlafbedarf bei Kindern
Es gibt große individuelle Unterschiede beim Schlafbedarf von Kindern (wie auch bei Erwachsenen).
Das Schlafbedürfnis nimmt im Kindesalter fortwährend ab, die Schlafenszeit muss dem angepasst werden. So ist immer wieder mal zu überprüfen, ob das Kind inzwischen tatsächlich länger aufbleiben kann.
Halten Sie die Zubettgehzeit möglichst konstant, damit sich Gewohnheiten herausbilden können.

Träume, Schäume …

Beim Namen **Laramie** denkt man unwillkürlich an rauchende Colts, an Western, die Träume der Erwachsenen – oder sollte man sagen: der Kinder jeden Lebensalters. Aber nicht nur Hollywood beschäftigte sich in dieser Stadt mit den Träumen der Menschen, auch ein Schlafforscher lebte und arbeitete dort. In den 1960er- und 1970er- Jahren fanden im Schlaflabor der dortigen Universität Studien über die Träume von Kindern statt. Fünf Jahre lang wurden in regelmäßigen Abständen zwei Altersgruppen von Kindern beherbergt, nachts aufgeweckt und über ihre Träume befragt. Am Ende standen Berichte über die Träume von Kindern des 3. bis 15. Lebensjahres zur Verfügung. Da über die gesamte Zeit immer dieselben Kinder an diesen Untersuchungen teilnahmen, kann als sicher gelten, dass es sich um tatsächliche Veränderungen, um eine echte **Entwicklung** der Träume von Kindern handelt, die dort festgestellt wurde.

Zwei allgemeine Ergebnisse: Die Träume von Kindern sind keineswegs fantasievoller als die von Erwachsenen, im Gegenteil: Kinderträume entwickeln sich recht stetig von einem sehr einfachen Niveau bis hin zu der differenzierten Traumwelt, die wir als Erwachsene kennen. Träume von Kindern sind aber auch nicht generell stärker von Ängsten bestimmt als die von Erwachsenen, wie manchmal behauptet wird.

Träume von Kindern sind aber auch nicht generell stärker von Ängsten bestimmt als die von Erwachsenen.

Was Drei- bis Fünfzehnjährige über ihre Träume berichten

In den Träumen der Jüngsten, der Altersgruppe von **drei bis fünf Jahren,** kommen vor allem einfache Bedürfnisse und Freuden wie Essen oder Schlafen vor. Die Träume scheinen wenig bewegt, sondern sehr statisch, also eher Bilder denn Filmszenen, auch sind sie wenig gefühlsbeladen. Tiere erscheinen in den Träumen dieser Altersgruppe sehr häufig, weniger dagegen Menschen, selbst Familienmitglieder treten nur in etwa einem Sechstel der Träume auf.

Die Träume der **Fünf- bis Siebenjährigen** entwickeln sich bereits zu Geschichten. Im Traum erscheint mehr und mehr eine Miniwelt, die der realen Welt ähnelt. Die Träume dieser Altersgruppe zeigen erstmals auch ein echtes Interesse an der Welt außerhalb des eigenen Selbst. Die Familie kommt nun häufiger vor, auch die Beschäftigung mit bekannten Kindern beginnt: Jungen träumen von Jungen, Mädchen von Mädchen. Tiere kommen immer noch in einem Drittel der Träume vor. Die Kinder beginnen, an ihren Träumen teilzuhaben, nicht nur wie von außen Bilder anzuschauen, aber dies ist ein langsamer Prozess. Im Traum finden sich noch immer wenig Gefühle oder Gedanken. Aktivitäten im Traum erfolgen nun im Vergleich zu den jüngeren Kindern weit mehr aus sozialen Motiven, nicht nur aus Hunger. Schlechter Schlaf und schlimme Träume hängen zusammen. Anscheinend verursacht dabei eher der schlechte Schlaf schlechte Träume als umgekehrt. Die Träume von Jungen sind in dieser Altersgruppe unangenehmer als die von Mädchen.

Im Alter von **sieben bis neun Jahren** nehmen die Traumberichte insgesamt sehr zu (natürlich wird das auch darauf zurückzuführen sein, dass die Kinder sich nun besser ausdrücken können und so eher in der Lage sind, über ihre Träume zu berichten). In dieser Altersstufe ist erstmals ein klares Ich vorhanden, mit dem sich das Kind identifiziert und das im Traum handelnd auftritt. Zum ersten Mal erscheinen Träume mit Gefühlen verbunden (meist mit erfreulichen). Insgesamt werden die Traumberichte länger und der Träumer nimmt mehr Anteil am Traum. Tiere treten seltener auf, menschliche Fremde werden sorgfältiger ausgearbeitet, bei der Familie oder anderen Bekannten gibt es keine

Träume von Sieben- bis Neunjährigen sind erstmals auch mit Gefühlen verbunden.

Veränderungen. Von der **Schule** wird erstaunlicherweise wenig geträumt, auch in späteren Jahren. Angst im Traum hat etwas zugenommen, sie kommt nun in etwa jedem zehnten Traum vor. Kinder mit vielen Berichten über Angst im Traum wirkten insgesamt angespannt, sodass eine gewisse Übereinstimmung zwischen Tages- und Nachtbefindlichkeit zu vermuten ist. Kinder mit Angstberichten zeigten auch, wie in den anderen Altersgruppen, vermehrt Schlafstörungen. Erstmals kommen in dieser Altersgruppe auch Ärger und Wut vor, allerdings selten. Vier von zehn Träumen handeln von Kontaktaufnahmen mit anderen Menschen. Streitigkeiten gibt es dabei nur in etwa einem Traum von vieren, meist werden sie von anderen angezettelt. Insgesamt sind sich die Träume von Jungen und Mädchen auch in dieser Altersgruppe eher ähnlich.

Bei den **Neun- bis Elfjährigen** nimmt die Zahl der Träume – wenigstens der berichteten Träume – nochmals stark zu und entspricht fast der von Erwachsenen. Nun wird immerhin ein wenig mehr von der Schule geträumt. In jedem vierten Traum kommen Familienmitglieder vor, und zwar eher gleichgeschlechtliche. Fremde dagegen sind eher Männer, sowohl bei Jungen als auch bei Mädchen, wie schon in den Jahren zuvor. Tiere werden von Mädchen häufiger erwähnt als von Jungen. Mädchen träumen mehr von anderen, ihnen bekannten Mädchen, Jungen mehr von Aktivität und Bewegung. Insgesamt sind die Geschlechtsunterschiede in den Träumen aber nach wie vor gering.

Die Trauminhalte der **Elf- bis Dreizehnjährigen** lassen sich mit denen der vorherigen Altersgruppe vergleichen. Insgesamt kommt aber die Familie, speziell die Mutter, weniger häufig im Traum vor, stattdessen mehr Gleichaltrige, vor allem persönlich bekannte Mädchen in Mädchenträumen. Die Kinder träumen jetzt auch weniger vom eigenen als vielmehr vom Zuhause anderer Kinder.

Eigene Aktivitäten im Traum nehmen weiter zu. Die Träume werden auch erfreulicher, sowohl für Jungen als auch für Mädchen. In allen Altersstufen waren übrigens die Mädchenträume überwiegend erfreulicher und erfreulicher als die üblichen Jungenträume, obwohl Jungen nie glücklicher träumten als im Alter von elf bis dreizehn. Die Traumlänge entspricht jetzt der von Erwachsenen. Sprache und geistige Aktivität haben eine deutlich ausgeprägtere Stellung im Traum als früher. Gefühle kommen in etwa jedem fünften Traum vor. Insgesamt ist Glück im Traum doppelt so häufig wie Furcht (vor allem bei Mädchen ist Glück häufiger). Freundliches menschliches Miteinander taucht doppelt so häufig auf wie feindseliges. Vom Träumer selbst gehen sogar viermal so viele freundliche wie unfreundliche soziale Kontakte aus. Geschlechtsunterschiede, die bisher nur tendenziell oder gar nicht vorhanden waren, verstärken sich in dieser Altersgruppe deutlich. Jungen träumen mehr von anderen Jungen und Männern, Mädchen mehr von Mädchen und Frauen. Außerdem: Jungen werden im Traum häufiger von anderen Menschen angegriffen, mit entsprechend schlechterem Traumergebnis (Furcht, Unglück). Träume spiegeln jetzt deutlich die Geschlechtsrollenentwicklung wider.

Bei den **Dreizehn- bis Fünfzehnjährigen** treten im Vergleich zur vorherigen Altersgruppe häufiger verschlüsselt erscheinende, symbolische Träume auf. Positives soziales Verhalten der Träumenden nimmt ab, negative Gefühle bei anderen Traumfiguren nehmen zu. Klare sexuelle Vorstellungen bleiben sehr selten beziehungsweise werden sehr selten berichtet (etwa in einem von fünfzig Träumen). Die Träume der Heranwachsenden handeln weniger von den bekannten Situationen ihres wachen Lebens, sondern von unklaren, nicht genau benennbaren Umgebungen oder spielen auf öffentlichen Straßen und Plätzen. Dabei träumen Mädchen immer noch öfter vom Zuhause als Jungen, und

Glück kommt im Traum doppelt so häufig vor wie Furcht.

zwar sowohl vom eigenen Zuhause als auch von einem fremden Heim. Jungen haben bedeutend weniger angenehme Träume. Überhaupt lässt sich sagen, dass ab diesem Alter die Jungenträume weniger angenehm und die Mädchenträume angenehmer werden (auch mit den Stimmungen im Wachen ist es ähnlich). Aber das sind nur Durchschnittsunterschiede, insgesamt war auch der typische Jungentraum nicht unangenehm, eher neutral oder gemischt.

Bei diesen Ergebnissen einer sehr ausführlichen und gut durchgeführten wissenschaftlichen Studie (Foulkes 1982) ist natürlich zu bedenken: Sie fand nicht in unserer Kultur statt, sondern in einer Kleinstadt in Wyoming, die zwar eine Universität besitzt, den Autoren der Studie zufolge aber so abgelegen und isoliert ist, dass zum Zeitpunkt der Erhebung dort nicht einmal ein *McDonald's-Restaurant* existierte. Dennoch wird man davon ausgehen können, dass die Entwicklung des Traums beim Kind wenigstens in den Grundzügen auch bei uns und in anderen Kulturen wie in Laramie abläuft.

Entwicklung des Traums

Am Anfang stehen Bilder über Themen grundlegender Bedürfnisse wie Hunger, dann bildet sich mehr und mehr, begleitend zur geistigen Entwicklung, ein differenziertes Traumleben aus, das sich zunehmend auf soziale und geistige statt auf körperliche und rein materielle Vorgänge bezieht, im Ganzen eher freundlich als unfreundlich, immer ein Spiegelbild des aktuellen Entwicklungsstandes des Kinds.

Diese Entwicklung ist gut vereinbar mit der derzeit plausibelsten Traumtheorie. Nach dieser haben Träume eine biologische Grundlage, nämlich Serien von elektrischen Hirnwellen, die von tieferen Hirnstrukturen in einem bestimmten Schlafstadium automatisch nach »oben«, in die Regionen unserer Wahrnehmungsstrukturen, in die Gefühlsstrukturen, das Gedächtnis und die Regionen des bewussten Denkens gefeuert werden und diese sozusagen abtasten und anregen. Was dabei entsteht, sind **Bilder**, emotional gefärbte, eindrucksvolle Bilder ohne direkte Verbindung. Die auch im Schlaf nie völlig zur Ruhe kommende intellektuelle Tätigkeit des Menschen versucht, diese Bilder zu Szenen, Handlungen zu ergänzen. Sie versucht, einen Sinn, einen mehr oder weniger logischen Ablauf, einen roten Faden in sie einzubauen. Dabei greift sie zum Ausmalen der Bilder und zu ihrer Verknüpfung durch geeignete Zwischenbilder auch auf Gedankenreste vom Tage, auf Erinnerungsfetzen aus dem Gedächtnis und Ähnliches zurück. Und so entsteht unser Traum. Bei Kindern mit ihrem zunächst noch wenig ausgeprägten Intellekt muss sich das erst entwickeln. Wahrscheinlich erleben sie die den Träumen zugrunde liegenden Bilder noch unverbunden, unverfälscht durch die »Traumarbeit« unserer höheren Hirnstrukturen.

Schlafschaukeln (Jaktationen)

Was für ein Lärm kommt aus dem Kinderzimmer? Die Eltern stürzen ans Bett… Was sie da hören und sehen: Ist das ein Problem oder nicht? Das Bett jedenfalls schwankt.

Beim Schlafschaukeln wird entweder der Kopf kräftig hin und her geworfen (auch Kopfschlagen an die Wand kommt vor). Oder das Kind schaukelt mit dem ganzen Körper, auch im Sitzen oder auf dem Rücken liegend, mit angezogenen Knien. Das Schaukeln ist stark rhythmisch, wobei manchmal der Atemrhythmus als Zeitgeber dient. Es kann bis in den ersten Schlaf hinein fortgesetzt werden.

Und das verweist schon darauf: Schlafschaukeln ist fast immer eine Einschlafmethode des Kindes bzw. eine Methode zur eigenen Beruhigung. Das Kind sucht gleichmäßige rhythmische Stimulation herzustellen, wie sie für das Einschlafen hilfreich ist. Den Säugling auf dem Arm in den Schlaf zu wiegen ist eine Einschlafmethode der Eltern. Vielleicht erinnert sich das solchen Einschlafhilfen erst wenig entwachsene Kind daran und versucht nun Ähnliches selbst. Denn Schlafschaukeln kommt vor allem bei jüngeren Kindern vor, später verliert es sich wieder. Etwa jedes 20. Kind zeigt es irgendwann in stärkerer oder schwächerer Form.

Schlafschaukeln ist fast immer eine Einschlafmethode des Kindes bzw. eine Methode zur eigenen Beruhigung.

Meist ist es unauffällig, aber die Schaukelbewegungen können auch so heftig sein, dass Bett und Wände beschädigt werden oder das Bett zu wandern beginnt. Bei schweren Fällen von Kopfschlagen sind Verletzungen möglich. In der Regel ist das Schaukeln aber harmlos, wenn die Eltern sicherstellen, dass das Kind sich nicht wehtun kann.

Das Kind kann sich während des Schaukelns ganz von der Umwelt abkapseln und tranceartig in die Bewegung hineinsteigern. Durch Rütteln oder lautes Ansprechen ist eine Unterbrechung des Schaukelns möglich. Manchmal erinnert sich das Kind nachher nicht mehr an das Schaukeln. Durch die heftigen Bewegungen und die dabei oftmals auftretenden lauten Geräusche wachen die Kinder nicht auf. Schmerzen, welche die Kinder sich während des Kopfschlagens zufügen, scheinen sie nicht wahrzunehmen. Das Schaukeln erscheint insgesamt im Gegenteil sogar sehr lustbetont.

Schlafschaukeln ist also harmlos, oft sogar hilfreich – wenn die Kinder sich nicht dabei verletzen oder andere dadurch gestört werden. In solchen Fällen sollte man nach anderen Einschlafmethoden suchen. Vielleicht lässt sich das Gutenachtritual entsprechend umgestalten. Einen Versuch wert ist auch ein rhythmischer Lautgeber am Bett: Ein auf den Schaukelrhythmus eingestelltes Metronom soll das Schaukeln beenden. In einer Hängematte treten keine Jaktationen auf. Im Bett gibt es dann aber wieder Rückfälle.

Albtraum und Nachtschreck

Die Schlafzimmertür knarrt. »Müsste mal wieder geölt werden«, denkt Jan Kruse. Da hört er auch schon Fabian neben dem Kopfkissen atmen: »Papa, ich hab so schlimme Träume…« »Ich leider gar keine«, denkt der Vater und wendet sich seinem Sohn zu …

Wenn Träume wenigstens bis zu einem gewissen Grade die Tagesrealität und die Beschäftigung des Kindes mit dieser widerspiegeln, dann wird das auch bei Albträumen so sein. Dennoch wäre es völlig falsch, sich bei gelegentlichen Albträumen seines Kindes Sorgen zu machen. Etwa ein Viertel aller Kinder berichtet über solche Träume, am häufigsten um das fünfte Lebensjahr herum. Albträume treten damit bei Kindern häufiger als bei Erwachsenen auf, wohl ein Beleg für die größere Unsicherheit, in der Kinder leben: Für sie bedeutet vieles noch Neuland, was für Erwachsene Gewohnheit ist. Die oft mit Ängsten verbundene Selbstständigkeitsentwicklung des Kindes wird sich ebenfalls in Albträumen äußern, auch wenn der Traum alles in allem bei Kindern nicht schlechter ist als bei Erwachsenen.

Albträume treten bei Kindern häufiger als bei Erwachsenen auf, wohl ein Beleg für die größere Unsicherheit, in der sie leben.

Treten Albträume fast jede Nacht auf, dann allerdings sollten die Eltern überlegen, ob sie nicht durch reale äußere Belastungen (mit)verursacht sein könnten.

Schon das Sprechen mit dem Kind über die Albträume und über mögliche Probleme oder Ängste am Tage kann eine Hilfe sein. Aber nachts sollte das nicht geschehen, hier ist es besser, das Kind zu beruhigen und zu trösten. Das kann durchaus auch im Sinne einer Ablenkung des Kindes vom Traum geschehen. Am nächsten Morgen, ausgeruht und etwas mehr »Herr der Situation«, ist immer noch Zeit, die Ursachen häufiger Albträume zu erkunden und auf sie einzugehen.

Manchmal hilft eine »Monsteraustreibung« gegen Albträume.

Wenn Albträume durch Ängste begünstigt werden, wird alles helfen, was das Selbstvertrauen des Kindes stärkt. Auch Entspannungsübungen helfen. Selbst »Monsteraustreibungen« am Tage durch Vorstellung der typischen Albtraumsituation sind möglich: Zusammen mit einem starken Erwachsenen stellt sich das Kind tagsüber dem Monster, das ihm so häufig im Traum begegnet, brüllt es an, sagt ihm, es solle verschwinden; oder das Kind malt das Monster, sperrt es bildlich hinter Gitterstäbe und vergräbt es im Wald. Auch kleine magische Hilfen wie Kraftketten oder Amulette können ihre Wirkung tun. (Kinder sind abergläubisch, warum soll man das nicht zu ihren Gunsten nutzen?)

Generell sollte man Albträume des Kindes aber nicht zu schwer nehmen. Jedes Kind muss im Lauf seiner Entwicklung Erfahrungen mit neuen, belastenden, zunächst vielleicht überwältigend erscheinenden Situationen machen, die sich wohl zunächst auch in schlechten Träumen äußern mögen, für seine Entwicklung aber unabdingbar sind. Das Kind davor bewahren zu wollen kann falsch sein. Ein wenig Trost aber und die Vermittlung eines Gefühls des Angenommen-Seins und der Geborgenheit sind immer richtig.

Nachtschreck

Zwar seltener als Albträume, aber dennoch nicht ungewöhnlich ist der sogenannte Nachtschreck (Pavor nocturnus lautet der Fachbegriff dafür). Etwa jedes zwanzigste Kind ist irgendwann einmal davon betroffen, meist um das Einschulalter herum. Nach den Grundschuljahren verschwindet er meist.

Der Nachtschreck entsteht manchmal, wahrscheinlich nur bei dafür veranlagten Kindern, beim »Auftauchen« aus dem Tiefschlaf in den leichten Schlaf, vor allem während der beiden ersten Stunden nach dem Einschlafen. Das Kind wacht dann sehr abrupt auf, was die Eltern meist sofort an einem durchdringenden Schrei erkennen.

Die an das Kinderbett geeilten Eltern sind zunächst hilflos: Das Kind scheint völlig »daneben«, es wirkt sehr verängstigt und verwirrt, ohne seine Umgebung richtig wahrzunehmen. Auch die Eltern werden oft nicht erkannt und können das Kind kaum beruhigen. An Träume erinnert sich das Kind meist nicht, höchstens manchmal an relativ statische Traumbilder. Nach etwa zehn schlimmen Minuten normalisiert sich das Kind wieder, kann weiterschlafen – und erinnert sich am nächsten Morgen an das nächtliche Drama gar nicht mehr.

Im Unterschied zum Albtraum erscheint das Kind also regelrecht aufgelöst, es nimmt die Umgebung kaum wahr, es kann sich nicht klar an einen Traum erinnern und hat die ganze Episode am nächsten Morgen meist vollständig vergessen. Die Eltern sollten versuchen, das Kind zu beruhigen – allerdings können sie ihm kaum helfen.

Gegenüberstellung Albtraum und Nachtschreck

	Nachtschreck	Albtraum
Verhalten	Erwachen oft mit durchdringendem Schrei, starke Aktivität (Aufsetzen, Herumfuchteln, manchmal auch Schlafwandeln), Reden sehr häufig	Weniger Bewegung, kein Schlafwandeln, Muskeltonus herabgesetzt, Reden möglich
Physiologie	Puls und Atmung sehr stark beschleunigt, elektrischer Hautwiderstand deutlich verringert	Ebenfalls physiologische Veränderungen, aber geringer
EEG	Beginn des Nachtschrecks im Tiefschlaf, meist während der ersten Tiefschlafperiode	Auftreten während des Traumschlafs, Zeitpunkt während der Nacht unbestimmt, eher aber gegen Ende der Nacht
Trauminhalt	Einzelne Szenen oder Gedanken, Erinnerung aber nur fragmentarisch	Ausführlicher, lebhaft vorgestellter längerer Traum mit beunruhigendem Inhalt, Erinnerung fast immer klar
Bewusstsein nach Erwachen	Starke Verwirrung, kaum ansprechbar, nicht zu beruhigen, am Morgen keine Erinnerung mehr vorhanden	Sehr schnell hellwach, beruhigbar, kein Erinnerungsverlust

Sie müssen aber auch nicht besorgt sein. Während bei Albträumen nicht selten eine Beziehung zum wachen Leben des Kindes, zu Tagesängsten, Sorgen, Belastungen deutlich ist, gibt es beim Nachtschreck keine solche Verbindung. Vermutlich handelt es sich bei ihm um eine vorübergehende, entwicklungsbedingte Störung der Zusammenarbeit verschiedener mit der Schlaf- und Wachsteuerung beschäftigter Strukturen des Gehirns. Nachtschreck-Episoden wirken so zwar sehr dramatisch, sie sind aber nicht gefährlich und auch keineswegs Anzeichen einer irgendwie gearteten tieferen Störung des Kindes.

Schlafwandeln (Somnambulismus)

Jan Kruse ist nachts unterwegs zur Toilette. Da bemerkt er erstaunt noch einen anderen »Nachtschwärmer«: Lisa geistert wie ein Gespenst durch das Wohnzimmer. »Lisa, was ist?« – Keine Antwort. Die Schritte sind zaghaft und unsicher. Der Vater nimmt seine Tochter leicht am Arm und führt sie in ihr Zimmer zurück. Er hilft ihr ins Bett. »Gute Nacht!« – undeutliches Murmeln. Kopfschüttelnd schließt Jan Kruse die Tür.

Beim Schlafwandeln verlässt das Kind wie in einer Art Trancezustand das Bett und geht umher. Die Augen sind beim Wandeln offen, wirken aber glasig, die Bewegungen sind schwerfällig. Wird das Kind angesprochen, kann es manchmal antworten, aber recht knapp und wenig verständlich. Es kann Türen öffnen, sich anziehen, essen – aber alles wirkt wenig bewusst, sondern automatenhaft. Die Wanderung kann auch außerhalb des Bettes enden, dann ist der erwachende Schlafwandler einige Zeit etwas verwirrt und desorientiert. Er kann sich auch außerhalb des Bettes zur Ruhe legen und weiterschlafen. Oder er findet ins Bett zurück und weiß am nächsten Tag von gar nichts.

Es gibt auch ein »unvollständiges Schlafwandeln«, bei dem sich das Kind nur im Bett aufsetzt, aber nicht aufsteht. Es kann dabei stereotyp an der Bettdecke zupfen. Nach kurzer Zeit legt es sich wieder hin und schläft weiter.

Das Wandeln tritt fast immer aus dem Tiefschlaf heraus auf. Eine Beziehung zum Traumschlaf gibt es nicht, es werden also auch keine Träume ausgelebt, wie man früher glaubte.

Leider ist auch die Legende von der »schlafwandlerischen Sicherheit« falsch: Der Schlafwandler sieht nicht besonders gut, und seine Reaktionen sind verlangsamt, es besteht also durchaus erhöhte Unfallgefahr.

Die Legende von der »schlafwandlerischen Sicherheit« ist falsch.

Etwa zwei bis drei Prozent der Kinder wandeln gelegentlich, vor allem Schulkinder, nach der Pubertät kommt es kaum mehr vor.

Schlafwandeln ist – bis auf die Verletzungsgefahr – harmlos. Es hat auch keine bekannte Beziehung zu gegenwärtigen oder zukünftigen psychischen Problemen (außer vielleicht ein wenig zu viel Stress). Am besten, man beachtet es möglichst wenig – sorgt aber dafür, dass sich das Kind nachts nicht verletzen kann, vor allem in neuen, noch wenig bekannten Umgebungen, beispielsweise in der Ferienwohnung. Die Balkontüre sollte nachts besser geschlossen sein.

Sprechen im Schlaf

Zwei Uhr nachts: Die Standuhr schlägt. Da öffnet sich die Kinderzimmertür einen Spalt, und Jan Kruse streckt den Kopf herein. Murmel, murmel, aber die Kinder schlafen anscheinend. Er lauscht, ob denn etwas zu verstehen ist – bald gibt er auf und schlurft weiter zum Kühlschrank.

Während des Nachtwandelns, im Zusammenhang mit Albträumen oder Nachtschreck, können Kinder (und Erwachsene) im Schlaf sprechen – aber das kann auch ganz spontan vorkommen, meist aus dem Tiefschlaf heraus. Fast immer wird sehr undeutlich und kurz angebunden gesprochen, oft ist es akustisch schwer zu verstehen und vom Zusammenhang her nicht recht einzuordnen. Geheimnisse werden dabei nicht offenbart, es sind fast immer banale Wörter oder Sätze ohne viel Sinn. Etwa zehn bis 16 Prozent aller Kinder sprechen ab und zu im Schlaf, Erwachsene sind es nur noch halb so viele.

Sprechen im Schlaf ist völlig harmlos, es hat auch keine Beziehungen zu psychischen Problemen, Sie müssen nichts dagegen tun.

Nächtliches Zähneknirschen (nächtlicher Bruxismus)

»Knirschst du im Schlaf?«, fragt der Zahnarzt Fabian. »Hä?« Der Junge verzieht das Gesicht. Jan Kruse räuspert sich: »Also, wenn ich da nachts manchmal an seiner Türe vorbeikomme ...«

Ein Zehntel bis ein Fünftel aller Kinder knirscht irgendwann einmal im Schlaf. Nach den Grundschuljahren nimmt das an Häufigkeit ab. Bei manchen Kindern besteht eine Beziehung zu Stress, auch nur bei manchen ist eine ungünstige Zahnstellung zumindest mitverantwortlich. Jungen sind etwas häufiger betroffen als Mädchen.

Ein Zehntel bis ein Fünftel aller Kinder knirscht irgendwann einmal im Schlaf mit den Zähnen.

An und für sich harmlos, kann es bei starken Knirschern zu organischen Folgeschäden wie abnormer Zahnabnutzung, Wurzelhaut- und Kieferschäden, Entzündung und Zurückbildung des Zahnfleisches und einer Überentwicklung der entsprechenden Muskulatur kommen. Auch verschiedene Gesichtsschmerzen, Muskel- und Zahnempfindlichkeit sowie Kopfschmerzen können auf das Knirschen zurückzuführen sein. Dann wird es vielleicht nötig sein, etwas dagegen zu tun.

Gerade gegen die organischen Folgeprobleme hilft am besten eine Knirscher- oder Aufbissschiene, die nachts getragen wird.

Falls eine Beziehung zu Stress besteht, wird man daran ansetzen können. Auch der starke innere Vorsatz im Bett vor dem Einschlafen: »Nachts nicht knirschen!«, kann helfen.

Bettnässen

Nach dem Wecken wendet sich Fabian verlegen an seine Mutter: »Mama, heut Nacht hat es geregnet.« »Nanu«, Jan Kruse kramt nach Bürounterlagen: »Ich hab gar nichts gemerkt…« Ein strafender Blick seiner Frau, er räuspert sich und kramt weiter.

Das nächtliche Einnässen gehört zu den häufigsten Problemen bei Kindern, noch zehn Prozent der Siebenjährigen und ein bis zwei Prozent der Jugendlichen sind davon betroffen, Jungen häufiger als Mädchen. Von Bettnässen als Störung spricht man aber erst, wenn das Kind mindestens 5 Jahre alt ist. Das verwundert viele Eltern, da sie meist erwarten, dass ihr Kind irgendwann zwischen dem zweiten und dritten Lebensjahr, spätestens aber wenn es in den Kindergarten kommt, trocken sein sollte. Leider ist diese Meinung immer noch weit verbreitet, bei Eltern, Verwandten, selbst bei Erzieherinnen. Tatsächlich sind auch etwa drei von vier Kindern im Alter von 4 Jahren schon trocken, ein Viertel der Kinder aber eben noch nicht. Nässen mit 4 Jahren noch so viele Kinder ein, kann es sich nicht um eine Störung handeln, dann ist einfach der natürliche Reifungsvorgang noch nicht abgeschlossen.

Noch zehn Prozent der Siebenjährigen und sogar manche Jugendlichen nässen ein.

Denn die nächtliche Kontrolle über die Blase muss erst ausreifen. Dieser Vorgang dauert von Kind zu Kind sehr unterschiedlich lang. Lassen Sie sich also nicht aus der Ruhe bringen, wenn Ihr Kind mit 4 oder 5 Jahren noch nachts einnässt. In dieser Zeit kann man durchaus noch auf ein spontanes Trockenwerden warten, denn man sieht an den eingangs genannten Prozentzahlen, dass das Bettnässen eine Tendenz hat, von selbst zu verschwinden. Ältere Kinder, beispielsweise Schulkinder, die schon auf Klassenfahrten oder ins Zeltlager gehen oder bei Freunden übernachten möchten, brauchen dagegen direkte Hilfe, und sie wollen das in der Regel auch.

Auch zu den Ursachen des Bettnässens gibt es bei Eltern, Erzieherinnen, Lehrern, sogar bei Ärzten und Therapeuten immer noch falsche Informationen. So wird oft behauptet, dass es zum Bettnässen komme, weil die Eltern das Kind nicht richtig zum Sauberwerden erzogen hätten. Viele Untersuchungen konnten dagegen zeigen, dass Art und Zeitpunkt der Sauberkeitserziehung keinerlei Einfluss auf das Trockenwerden in der Nacht haben.

Ein weiteres Vorurteil besagt, dass das nächtliche Einnässen seelisch bedingt sei. Gerade von Ärzten und Therapeuten hört man immer wieder den Satz: »Die Blase weint.« Auch das konnte die Wissenschaft so nicht bestätigen. Kinder, die noch nie länger als ein halbes Jahr trocken waren, zeigen nicht mehr psychische Probleme als Kinder, die nachts schon trocken sind. Eine Ausnahme sind Kinder, die schon über ein halbes Jahr nachts trocken waren und dann plötzlich wieder einnässen. Bei ihnen findet man öfter eine psychische Belastungssituation, zum Beispiel den Verlust einer geliebten Person, einen Umzug, die Einschulung oder den Eintritt in den Kindergarten, die Trennung oder Scheidung der Eltern.

War Ihr Kind also schon längere Zeit trocken und nässt jetzt wieder ein, kann es sinnvoll sein, zu überlegen, ob eine solche

Das Bettnässen hat eine Tendenz, von selbst zu verschwinden.

Belastungssituation besteht. Genauso gut ist es aber auch möglich, dass das Kind einen Blaseninfekt hat und deshalb nachts wieder einnässt. Im Falle eines Einnässens nach längerem Trockensein sollten Sie zum Arzt gehen, um diese Möglichkeit auszuschließen bzw. gegebenenfalls die Blasenentzündung zu behandeln.

Ursachen

Beim Bettnässen handelt es sich um eine genetisch bedingte Reifungsstörung des zentralen Nervensystems. Wissenschaftler haben sogar schon die Gen-Orte des Bettnässens identifiziert. Das erklärt auch, warum 60 bis 80 Prozent der bettnässenden Kinder weitere Verwandte haben, die dieses Problem in ihrer Kindheit kannten. Die Anlage für Bettnässen wird also vererbt. War das Kind schon längere Zeit trocken und nässt jetzt wieder ein, kann eine psychische Belastungssituation dazu führen, dass diese Veranlagung wieder aktiviert wird und es dadurch zu einem Rückfall kommt.

Um zu erklären, wie diese Reifungsverzögerung genau aussieht, schauen wir uns zunächst die typischen Anzeichen des Bettnässens an.

Eltern von einnässenden Kindern berichten oft, dass die Kinder sehr tief schlafen und sehr schwer zu wecken sind. Die meisten dieser Kinder nässen große Mengen Urin ein. Eltern sagen dann: Das Bett schwimmt. Ansonsten zeigt das Kind weder tagsüber noch nachts irgendwelche Blasenfunktionsstörungen, es geht weder zu viel noch zu wenig auf die Toilette, schiebt den Toilettengang nicht hinaus, hat keinen extremen Harndrang und kann die Blase ohne Unterbrechung entleeren. Kurz gesagt, es liegt keine Erkrankung oder Störung der Blase vor, also besteht eigentlich kein medizinisches Problem.

Die Anlage für Bettnässen wird vererbt.

Wie wirkt sich nun die Reifungsverzögerung des zentralen Nervensystems aus? Viele einnässende Kinder produzieren nachts mehr Urin als »trockene« Gleichaltrige. Für diese **vermehrte Urinbildung** ist die tageszeitliche Verschiebung der Bildung eines bestimmten Hormons verantwortlich, es ist das Antidiuretische Hormon (kurz: ADH). Dieses Hormon hat die Aufgabe, den Wasserhaushalt im Körper zu kontrollieren, indem es die Nieren beeinflusst, wie viel Wasser ausgeschieden oder zurückbehalten wird. Bei nicht bettnässenden Kindern (und Erwachsenen) wird nachts mehr ADH abgegeben als am Tag, wodurch nachts weniger Urin gebildet und die Blase somit nicht zu voll wird. Das hat zur Folge, dass man nachts weniger oder gar nicht zur Toilette muss. Bei vielen der bettnässenden Kinder ist der Tag-Nacht-Rhythmus dieser Hormonproduktion nicht – oder noch nicht – vollständig entwickelt, das heißt, die Kinder produzieren tagsüber gleich viel ADH wie nachts. Die Blase ist also nachts überfüllt.

Das alleine reicht aber zur Erklärung des Bettnässens noch nicht aus, denn es gibt auch Kinder und Erwachsene, bei denen der Tag-Nacht-Rhythmus des ADH nicht gut entwickelt ist, die aber trotzdem nicht einnässen. Diese Erwachsenen wachen an der überfüllten Blase auf und gehen zur Toilette. An dieser Stelle kommt der von den Eltern oft beobachtete **sehr tiefe Schlaf** der Kinder zum Tragen. In Studien wurde festgestellt, dass die Beobachtung der Eltern richtig ist: Bettnässende Kinder werden auch von sehr lauten Geräuschen nur selten geweckt, während die nicht bettnässenden Gleichaltrigen meist aufwachen.

Bettnässende Kinder schlafen besonders tief.

Eine weitere Ursache des nächtlichen Einnässens ist, dass der **Blasenentleerungsreflex** bei Bettnässern noch nicht ausreichend entwickelt ist. Normalerweise schafft es das Gehirn, die beginnende Entleerung der Blase zu unterdrücken und die Kinder durchschlafen zu lassen. Bei bettnässenden Kindern ist diese Funktion gestört.

Noch einmal zur Erinnerung: Die drei genannten Ursachen (zu starke Urinbildung, tiefer Schlaf und fehlende Unterdrückung der Blasenentleerung) sind genetisch bedingt. Das ist für Eltern und Kinder sehr wichtig zu wissen, denn häufig bestehen auf beiden Seiten Schuldgefühle wegen des Einnässens.

Was können Eltern tun

... wenn das Kind auch nach dem 5. Lebensjahr noch nachts einnässt? Oft haben Eltern und Kind schon einen längeren Leidensweg hinter sich und bereits einige unwirksame Methoden ausprobiert, die das Kind mehr quälten, als dass sie halfen. An erster Stelle ist hier die Einschränkung der Trinkmenge zu nennen. Viele Eltern, aber auch Ärzte und Therapeuten meinen, dass das Kind weniger einnässt, wenn es nachmittags und abends weniger oder gar nichts trinkt. Wie oben erwähnt, ist das nächtliche Einnässen aber nicht durch einen Flüssigkeitsüberschuss bedingt, eine Flüssigkeitseinschränkung ist daher sinnlos.

Nächtliches Wecken ist eine weitere beliebte Methode, das Einnässen zu verringern. Entweder wecken Eltern ihr Kind, kurz bevor sie selbst zu Bett gehen, oder sie stellen sich den Wecker und machen das Kind alle zwei bis drei Stunden munter, damit es zur Toilette gehen kann. Diese Methode führt tatsächlich oft dazu, dass das Kind etwas seltener einnässt, sie schafft es aber nicht, dass das Kind langfristig trocken wird und bleibt. Im schlimmsten Fall bekommen Eltern und Kind durch den gestörten Rhythmus erhebliche Schlafstörungen. Auch von dieser Methode sollte man also absehen, denn sie schadet letztlich meist mehr als sie nützt.

Viele Eltern reagieren auch mit Strafen oder Belohnungen auf das Bettnässen. Strafen sind schon deshalb unwirksam, weil das Einnässen ja nicht bewusst eingesetzt wird, sondern unwillkürlich passiert. Auch Belohnungen für trockene Nächte können für das Kind sehr frustrierend sein, denn es kann das Einnässen nicht willentlich kontrollieren und sich somit auch die Belohnung nicht »erarbeiten«. Wenn überhaupt, sollte man nur die Mitarbeit des Kindes belohnen, zum Beispiel beim Führen eines Einnässkalenders (siehe unten), denn seine eigene Mitarbeit kann es selbst kontrollieren und sich so eine Belohnung erarbeiten.

Viel besser ist es, die ganze Situation für sich selbst und für das Kind zu entspannen. Versuchen Sie, Druck zu reduzieren. Alles, was der Entlastung der Familie dient, ist erlaubt. Klären Sie das Kind über die wahren Ursachen für das Bettnässen – wie oben beschrieben – auf und erzählen Sie es ihm auch, falls Sie selbst, ihr Partner oder andere Verwandte früher an Bettnässen litten. Das reduziert Schuld- und Versagensgefühle beim Kind und kann den Weg für eine Bewältigung des Problems ebnen. Benutzen Sie ruhig weiterhin eine Gummiunterlage fürs Bett oder eine Höschenwindel, wenn Sie das entlastet. Denken Sie auch daran, dass das Leben nicht nur aus diesem Problem besteht (auch wenn es den Alltag schwer belasten kann), und lassen Sie es nicht zu groß werden, indem Sie es ständig thematisieren. Loben Sie das Kind im Alltag öfter und verbringen Sie unbeschwerte Spielzeit mit ihm. So kann es trotz seines Problems ein positives Selbstwertgefühl entwickeln.

Sinnvoll ist es auch, das Kind vorsorglich beim Kinderarzt untersuchen zu lassen, um (allerdings sehr seltene) Fehlbildungen des Harntraktes auszuschließen, aber vor allem, um festzustellen, ob das Kind vielleicht an einem Harnwegsinfekt leidet. Im Gegensatz zu den meisten Erwachsenen bereiten Blasenentzündungen Kindern oft keinerlei Beschwerden (Brennen beim Wasserlassen, schmerzhafter Harndrang etwa) und werden deshalb oft nicht erkannt. Hier kann eine einfache, für das Kind nicht belastende Untersuchung des Urins Aufschluss geben. Vor allem, wenn das Kind schon über längere Zeit trocken war und plötzlich wieder einnässt, ohne dass besondere Belastungen erkennbar sind, ist eine solche Untersuchung notwendig.

Einnässkalender

In der Praxis hat es sich immer wieder bewährt, wenn die Kinder zwei bis vier Wochen lang einen Kalender führen, auf dem sie die trockenen und nassen Nächte eintragen, indem sie etwa eine Sonne oder eine Wolke in das entsprechende Tageskästchen zeichnen. Natürlich darf das Kind auch andere Symbole für trockene und nasse Nächte wählen. Bei 15 bis 20 Prozent aller Kinder reicht diese Kalenderführung, verbunden mit der Aufklärung der Familie über die Verursachung des Bettnässens und der damit verbundenen Entlastung, bereits aus, um trocken zu werden. Falls Sie nach vier Wochen sehen, dass die trockenen Nächte deutlich häufiger werden, lassen Sie das Kind den Kalender noch eine Weile fortführen, bis es ganz, oder fast ganz trocken ist. Falls der Kalender alleine noch nicht ausreicht, können weitere Behandlungsmethoden zur Anwendung kommen.

Bei älteren Kindern kann es sinnvoll sein, die Selbstständigkeit zu fördern. So ist oft zu beobachten, dass Eltern auch bei ihren acht- oder zehnjährigen Kindern noch die Bettwäsche wechseln und das Kind in der Nacht umziehen. In ihrer Sorge merken sie oft gar nicht, wie sie das Kind an dieser Stelle zum »Kleinkind« machen und damit seine normale Entwicklung behindern. Es kann durchaus vorkommen, dass Kinder dann manchmal in der Entwicklung ihres Verhaltensrepertoirs zurückfallen. Ältere Kinder sollten also lernen, wie sie die Folgen des Bettnässens selbst bewältigen können, das heißt sich ohne Hilfe der Eltern umziehen, die Bettwäsche wechseln und die schmutzige Wäsche zur Waschmaschine bringen. So werden auch die Eltern entlastet, und das Kind kann Reifungsschritte in Richtung Selbstständigkeit machen.

Reichen diese Maßnahmen nicht aus, kann auch ein sogenanntes **Klingelgerät** zum Einsatz kommen. Man bekommt es auf Rezept des Arztes und kann es dann in der Apotheke oder im Sanitätshaus bestellen. Studien belegen, dass etwa 70 Prozent der bettnässenden Kinder damit trocken werden, wenn die Behandlung korrekt ausgeführt wird. Das Prinzip des Klingelgerätes ist sehr einfach. Es besteht aus einem Feuchtigkeitsfühler, einem Kabel und einer Klingel. Der Feuchtigkeitsfühler wird in der Regel mit einem Gummiring in der Schlafanzughose oder Unterhose des Kindes angebracht (Klingelhose) oder er ist in einer Matte installiert (Klingelmatte), die man ins Bett legt. Wird der Feuchtigkeitsfühler nass, wird ein Stromkreis geschlossen, und eine Batterie löst ein Klingelgeräusch aus. Die Klingel wird in Ohrnähe am Schlafanzug festgeklemmt. Beide Geräte sind in ihrer Wirkung vergleichbar, das Kind sollte selbst wählen. Jüngere Kinder bevorzugen meist die Klingelhose, ältere die Klingelmatte. Die Klingelmatte hat den Vorteil, dass das Klingeln meist lauter ist und die Kinder leichter geweckt werden. Die Klingelhose hat den Vorteil, dass der Urin nicht zuerst durch die Hose auf die Matte laufen muss, sondern schon kleine Mengen Urin den Alarm auslösen und das Kind sofort auf die Toilette gehen kann, ehe größere Mengen Urin ausgetreten sind.

Auch wenn es sich merkwürdig anhört: Ein Klingelgerät hilft.

Damit diese Maßnahme anschlägt, muss sie sehr konsequent durchgeführt werden, und es sollten auch einige Bedingungen erfüllt sein:

1. Das Kind muss motiviert sein, trocken zu werden.
2. Die Eltern sollten körperlich und psychisch in der Lage sein, die Behandlung zu begleiten, denn auch sie werden von der nächtlichen Klingel jedes Mal geweckt, was durchaus zu Schlafproblemen führen kann. Ist beispielsweise ein Säugling oder Kleinkind in der Familie, das nachts auch versorgt werden muss, oder stehen die Eltern gerade unter hoher beruflicher Belastung, ist die Anwendung des Klingelgerätes nicht sinnvoll. Bedenken Sie, dass eine solche Behandlung bis zu 16 Wochen dauern kann.
3. Das Kind muss immer vollständig wach sein und selbst zur Toilette gehen, sonst funktioniert die Methode nicht. Falls das Kind also sehr tief schläft, müssen die Eltern das Kind wachrütteln, notfalls einen feuchten Waschlappen einsetzen. Nach dem Aufstehen muss das Gerät getrocknet und wieder angelegt bzw. eingeschaltet werden. Das ist auch für die Eltern mit einigem Aufwand verbunden und kann zu Stress und Anspannung führen.

Psychologen oder Pädagogen in psychologischen Beratungsstellen können Ihnen (in der Regel kostenfrei) bei der Anwendung des Klingelgerätes zur Seite stehen. Manchmal kann es sinnvoll sein, die Anwendung des Klingelgerätes mit einem Belohnungsprogramm zu verbinden, wenn etwa das Kind nach dem Klingeln nicht gleich aufstehen und zur Toilette gehen will. Das Kind darf dabei zum Beispiel einen schönen Sticker in einen Kalender kleben, wenn es innerhalb von 3 Minuten nach dem Klingeln zur Toilette gegangen ist (aber nicht, wenn die Nacht insgesamt trocken war!).

Medikamentöse Behandlung: Medikamente sind beim Bettnässen die letzte Wahl, meist helfen die bisher beschriebenen Maßnahmen, um trocken zu werden. Trotzdem kann es manchmal sinnvoll sein, Medikamente einzusetzen, so zum Beispiel bei Jugendlichen, die auf Klassenfahrt, ins Zeltlager oder in den Urlaub gehen. Die meisten erleiden aber nach Absetzen des Medikaments einen Rückfall, die Langzeitwirkung ist viel geringer als bei den bisher beschriebenen Verfahren. Einer der eingesetzten Wirkstoffe hat viele Nebenwirkungen.

Hypersomnie, Schlafapnoe, Narkolepsie

Unter Hypersomnien versteht man überlangen Schlaf. Manche Kinder schlafen ungewöhnlich lange, ohne dass das irgendwie bedenklich wäre. Sie sind einfach Langschläfer. Andere benötigen besonders wenig Schlaf, das sind die Kurzschläfer, auch das ist in Ordnung. Wenig zu schlafen ist nur dann bedenklich, wenn es dadurch zu Beeinträchtigungen der Wachheit am Tage kommt, wenn das Kind dann unkonzentriert und quengelig ist. Entsprechend ist auch ein besonders langer Schlaf unbedenklich, wenn er nicht mit anderen Problemen verbunden ist. Dauert der Nachtschlaf aber ungewöhnlich lang und ist das Kind am Tag trotzdem sehr müde, dann kann eine Hypersomnie vorliegen. Ein Arzt sollte konsultiert werden, die Ursachen sind in aller Regel medizinischer Natur. Besondere Formen der Hypersomnie sind die **Schlafapnoe** und die **Narkolepsie**.

Schlafapnoe

Gekennzeichnet ist die Schlafapnoe durch kurze nächtliche Atemstillstände (daher der Name), langen Nachtschlaf, eventuell Schnarchen, starke Müdigkeit am Tage. Eine Frühgeborenen-Apnoe, eine Säuglings-Apnoe, obstruktive Apnoen im Säuglings- und Kindesalter werden unterschieden. Sie sind selten, aber zumindest für einen Teil der Fälle von plötzlichem Kindstod verantwortlich (das gibt es nur im 1. Lebensjahr). Immer sind die Ursachen organisch, manchmal anatomisch, wie eine Einengung der Atemwege durch wucherndes Gewebe. Manchmal können andere Erkrankungen die Atemregulation beeinträchtigen, beispielsweise manche Infektionskrankheiten oder Stoffwechselstörungen. Wenn nachts Atemstillstände beim Kind beobachtet werden, auch mit starkem Schwitzen im Schlaf oder abnormer Blässe, sollte der Arzt konsultiert werden, und zwar möglichst ein Schlafspezialist. Nachgewiesen wird die Schlafapnoe im Schlaflabor. Das Kind wird dort eine Nacht lang beobachtet. Eine Adresse, über die Sie ein Schlaflabor in Ihrer Nähe ausfindig machen können, finden Sie im Anhang auf Seite 127.

Narkolepsie

Gekennzeichnet ist die – sehr seltene – Narkolepsie durch starke Müdigkeit am Tage. Das Kind kann zwischendurch immer wieder mal für wenige Minuten oder auch nur ein paar Sekunden einnicken, ohne das selbst zu bemerken. Am Tage oder vor dem Einschlafen kann es auch zu Muskelerschlaffungen kommen, ausgelöst meist durch starke Gefühle. Ängstigende Halluzinationen vor dem Einschlafen kommen ebenfalls vor. Kurz vor dem Einschlafen, während des nächtlichen oder morgendlichen Erwachens kann es auch zu einer plötzlichen Unfähigkeit kommen, sich zu bewegen. Die Narkolepsie ist fast nur bei Erwachsenen bekannt, scheint sich aber schon im späteren Kindesalter zu entwickeln, ohne dann unbedingt als Krankheit erkannt zu werden. Die Ursachen sind unbekannt, sicherlich aber biologischer Natur. Ein ärztlicher Schlafspezialist sollte konsultiert werden, wenn ein solcher Verdacht besteht.

Schlafbedarf und Probleme während des Schlafs

> Es gibt große individuelle Unterschiede beim Schlafbedarf von Kindern (wie auch bei Erwachsenen), er nimmt im Kindesalter fortwährend ab, die Schlafenszeit muss dem angepasst werden.

> Halten Sie die Zubettgehzeit möglichst konstant, damit sich Gewohnheiten herausbilden können.

> Während bei Albträumen nicht selten eine Beziehung zum wachen Leben des Kindes gegeben ist, handelt es sich beim Nachtschreck um eine vorübergehende entwicklungsbedingte Störung der Zusammenarbeit verschiedener mit der Schlaf- und Wachsteuerung beschäftigter Strukturen des Gehirns.

> Schlafwandeln ist harmlos – bis auf die Verletzungsgefahr.

> Bettnässen ist genetisch bedingt, das wissen wir inzwischen. Belohnung oder gar Strafen nützen also überhaupt nichts.

Zur Guten Nacht – Spiele und Verse

Ein gemeinsamer positiver Abschluss des Tages ist wichtig, ein Spiel oder eine Geschichte kann Bestandteil des Einschlafrituals werden. Rituale nehmen Angst und erleichtern den Übergang in die Nacht.

Hier finden sich einige Materialien für Einschlafrituale. Die Sandfee, Lisa und Fabian, das Kätzchen und der kleine Bär – fast alle Geschichten in den nächsten Kapiteln haben etwas mit Schlaf oder Entspannung zu tun. Sie eignen sich damit gut als Gutenachtgeschichten. Vorangestellt haben wir noch ein paar Verse und Spiele, die aufs Zubettgehen vorbereiten.

Ein Spiel, das Zubettgehritual mit Zähneputzen und Umziehen, dann im Bett eine Geschichte, noch ein paar gute Worte und ein Gutenachtkuss – so kann eine Folge aussehen, die das Kind auf den Schlaf vorbereitet. Durch ihren bekannten, langsamen, eher leisen, immer wiederkehrenden Charakter nimmt sie Ängste und verbindet Bett und Schlaf mit angenehmen Erwartungen.

Fingerspiel

Bewegungen mit den Fingern, dazu Sprechen oder ein Sprechgesang.

Sprechgesang: kleiner Finger – Ringfinger – Mittelfinger – Zeigefinger – Daumen: jeden Finger einzeln vorzeigen.
Sprechgesang: Alle Finger wollen tanzen, alle Finger wollen tanzen …: alle Finger stark bewegen, tanzen lassen.
Sprechgesang: Und dann wird der kleine Finger müde – geht zur Ruh: den kleinen Finger einziehen, so nach und nach alle Finger.
Und dann wird der Ringfinger müde – geht zur Ruh.
Und dann wird der Mittelfinger müde – geht zur Ruh.
Und dann wird der Zeigefinger müde – geht zur Ruh.
Und dann wird der Daumen müde – geht zur Ruh.
Und auch du, und auch du, und auch du!
Dem Kind über den Kopf streichen.

Ins Träumeland

Pferdchen spring, Pferdchen spring,
die Straße rauf und runter, die Straße rauf und runter.
Und dann biegt es um die Ecke, und dann biegt es um die Ecke,
ins Träumeland, ins Träumeland.
Sprechen oder Sprechgesang, mit den Händen dazu gestikulie-
ren, erst vor dem Kind, bei »Und dann biegt es um die Ecke«
mit den Händen entweder hinter sich selbst oder hinter das
Kind abbiegen.

So eine Strophe nach der anderen, die spontan erfunden werden können, je nachdem, was das Kind am Tag alles erlebt hat,
was in Bilderbüchern vorkam, was es irgendwie kennt. Hier nur
einige Anregungen:

Auto fahr ...
Dreirad fahr ...
Züglein fahr ...
Rad fahr ...
Konrad geh ...
Ziege spring ...
Schnecke schleich ...
Hühner lauft ...
Bächlein rausch ... rausch durch Wald und Wiese ... und dann
biegt es um den Felsen ...

Wenn es Abend wird

Bewegungen mit den Händen, dazu Sprechen oder ein Sprechgesang.

Wenn es Abend wird,
schütteln wir ein Kopfkissen,
legen es ins Bett.

Wenn es Abend wird,
schütteln wir die Bettdecke,
legen sie ins Bett.

Wenn es Abend wird,
steigen wir ins Bettchen,
kuscheln uns ins Bett.

Wenn es Abend wird,
machen wir die Augen zu,
für den schönen Traum.

Leise macht der Mond

Immer langsamer und leiser sprechen oder singen, beruhigende Gesten dazu; nach jeder Strophe, die beliebig erfunden werden kann, einen Finger an den Mund legen.

Der Tag war laut, nun kommt der Abend,
leise, leise macht der Mond.
Leise macht er alle Kinder,
leise, leise macht der Mond.

Leise macht er alle Häuser,
leise, leise macht der Mond.

Leise macht er alle Brücken,
leise, leise macht der Mond.

Leise macht er alle Wälder,
leise, leise macht der Mond.

Leise macht er alle Felder,
leise, leise macht der Mond.

Leise macht er alle Brunnen,
leise, leise macht der Mond.

Leise macht er alle Tiere,
leise, leise macht der Mond.

Leise macht er auch den Himmel,
leise, leise macht der Mond.

Zur Guten Nacht – Geschichten von der Sandfee

Vorlesegeschichten

Lisa und Fabian erhalten jeden Abend Besuch von einer Fee.

Besuch von der Sandfee

»Lisa, schläfst du schon?« Fabian flüstert zu seiner Schwester hinüber, die sich gerade im Bett herumdreht.

»Nein«, seufzt Lisa, »ich kann einfach nicht einschlafen. Dauernd muss ich an den Zirkus morgen denken. Das ist so aufregend! – Ob da auch Tiger und Löwen dabei sind?«

»Ja – und ein Clown, der dauernd hinfällt, und richtige Astronauten, die in der Luft herumfliegen!« Fabian muss sich vor lauter Aufregung im Bett aufsetzen.

»Die heißen doch nicht Astronauten, sondern Artisten«, belehrt Lisa ihren kleinen Bruder. Lisa geht nämlich schon in die Schule und weiß über schwierige Wörter gut Bescheid.

»Ist doch egal, wie die heißen«, meint Fabian. »Hauptsache, die machen Kunststücke.« Jetzt steht Fabian sogar auf und vollführt auf seinem Bett Sprünge und Purzelbäume. Ans Schlafen ist nicht mehr zu denken.

»Oh, so ein Mist, so ein Riesenmist!«

Lisa und Fabian horchen auf. Wer hat da eben gesprochen? Waren es vielleicht die Eltern im Wohnzimmer?

»Oh, so ein Mist, so ein Riesenmist!«

Wo kommt diese Stimme bloß her? Die Kinder schauen sich im schummrigen Zimmer um.

»Hallo, ist da jemand?«, flüstert Lisa ängstlich.

»Und ob da jemand ist!«, gibt die ärgerliche Stimme zurück. »Ich bin hier auf der Fensterbank.«

Und tatsächlich. Auch im Halbdunkel sehen die beiden, dass zwischen den Blumentöpfen auf der Fensterbank eine Frau, vielmehr eine winzig kleine Frau, genauer gesagt: eine richtige winzig kleine Dame in einem wunderschönen silbernen Kleid steht. Sie hat ein Säckchen in der Hand, das sie wütend hin- und herschleudert. Dabei schimpft sie immerzu vor sich hin.

»Wer bist du denn?«, ergreift jetzt Fabian mutig das Wort, »und warum schimpfst du dauernd?«

»Ich bin die Sandfee«, sagt die schöne Dame, »und ich ärgere mich grün und blau, weil mein Traumsand nicht richtig funktioniert. Da hat der Sandmann mal wieder ganz schlechte Qualität besorgt. Und ich muss es jetzt ausbaden.«

Wütend schleudert die schöne Dame den Sack auf die Fensterbank. Einige Sandkörner fallen heraus.

»Was ist denn so schlecht an deinem Sand, und wozu brauchst du den eigentlich?«, fragt Lisa.

»Backst du damit etwa Sandkuchen?«, setzt Fabian nach.

»Pff, Sandkuchen!«, schnaubt die Sandfee verächtlich, »das ist mal wieder typisch Menschenkind. Immer denkt ihr ans Naschen. – Den Traumsand brauche ich natürlich, um Kinder zum Schlafen und Träumen zu bringen. Aber wie ihr merkt, funktioniert er nicht. Einen halben Sack hab ich schon über euch ausgeschüttet. Und was muss ich sehen? Ihr unterhaltet euch immer noch, ihr macht sogar Purzelbäume im Bett, statt zu schlafen und zu träumen. Der Traumsand heutzutage taugt einfach nichts mehr, und zu allem Übel bestellt der Sandmann immer den billigsten. Und wenn die Kinder nicht schlafen, kriege ich den Ärger und muss zur Strafe das Mondkalb spazieren führen.«

»Ist es denn so schlimm, mit dem Mondkalb spazieren zu gehen?«, will jetzt Lisa wissen, die Kälbchen ganz süß findet.

»Es ist stinklangweilig, sage ich dir, denn das Mondkalb träumt nur den ganzen Tag vor sich hin und hat gar keine Lust zum Spazierengehen. Und da muss ich es den lieben langen Tag hinter mir herziehen.«

»Ja, das hört sich wirklich schrecklich langweilig an«, meint jetzt auch Lisa. »Aber wie können wir dir helfen?«

»Am besten wäre es, ihr würdet endlich einschlafen. Denn wenn der Sandmann heute Nacht auf Kontrollgang geht, müssen alle Kinder schlafen und träumen.«

»Das würden wir ja gerne tun«, meint Fabian, »aber wir können heute einfach nicht einschlafen. Gestern ist nämlich ein Zirkus gekommen, und wir dürfen morgen hingehen. Ist das nicht schön?«

»Ja, ja«, meint die Sandfee ungeduldig, »aber könnt ihr euch den Zirkus nicht vorstellen? Und die Augen dabei zumachen? Dann träumt ihr womöglich von ihm. Zumindest die anderen Kinder machen das so, ich habe heute schon drei gesprochen, die auch in den Zirkus wollen.«

»Dann sehen wir den Zirkus morgen in der Stadt und heute Nacht schon im Traum!«, meint Lisa.

»Ja!«, setzt Fabian dazu.

Die Sandfee seufzt tief und schwingt sich vom Fensterbrett.

»Also gut«, sagt sie. »Ich besuche euch morgen wieder, und ihr erzählt mir, wie es war.«

Sie dreht sich einmal um sich selbst – und ist verschwunden. Nur ein paar Sandkörner auf der Fensterbank zeigen, dass sie gerade noch da war.

Und die Sandkörner in den Augen von Lisa und Fabian erinnern noch an sie. Immer schwerer werden ihre Augenlider, und dann fallen sie auch schon zu, und die beiden träumen: vom Zirkus, von der Sandfee auf der Fensterbank und von ihrem Säckchen Sand.

Die Sandfee will auch ins Bett

Fabian und Lisa kuscheln gemütlich in ihren Betten und unterhalten sich.

»Ich bin noch nicht so müde«, meint Fabian, »und du?«

»Ich schon, aber ich muss die ganze Zeit daran denken, dass wir morgen in der Schule ein Diktat schreiben. Da hab ich ein bisschen Angst. Ob ich morgen wohl noch weiß, wie diese Wörter geschrieben werden?«

»Bestimmt«, beruhigt Fabian seine große Schwester, »du hast das doch mit Mama geübt! Sonne mit zwei n, Mond nur mit einem n...«

»Ja, du hast recht«, sagt Lisa, »wenn sogar du es weißt, obwohl du noch gar nicht in die Schule gehst ...«

»Weißt du was«, meint Fabian, »es wäre doch schön, wenn die Sandfee wiederkommen und uns eine schöne Geschichte erzählen würde. Dann könntest du sicher sofort einschlafen. Bei mir hat das beim letzten Mal ganz prima geklappt.«

»Da hast du recht«, überlegt Lisa. »Wie wärs, sollen wir sie rufen?«

»Ja«, nickt Fabian, »aber nicht so laut, sonst kommt nur Mama.«

Die beiden rufen nach der Sandfee, aber nichts tut sich.

»Die hört uns bestimmt nicht«, sagt Fabian enttäuscht und kuschelt sich wieder tiefer in seine Decke. Auch Lisa legt sich hin. Kaum hat sie aber den Kopf auf dem Kissen, als wieder ein wohlbekanntes Nörgeln zu hören ist.

»Hat man denn nie seine Ruhe! Die Menschenkinder wollen mal wieder nicht schlafen. Die einen müssen unbedingt noch fernsehen, die anderen lesen ... Und keines von all den vielen Kindern denkt daran, dass unsereins auch mal ins Bett will!«

»Hallo, Sandfee«, rufen Lisa und Fabian, »das ist aber schön, dass du noch zu uns kommst. Bitte, bitte, erzähl uns noch eine Gutenachtgeschichte, beim letzten Mal sind wir sofort eingeschlafen!«

Die Kinder sehen so erwartungsvoll aus, da kann die Sandfee natürlich nicht widerstehen. Außerdem ist sie ein wenig stolz, weil die Kinder sie so gelobt haben.

»So«, sagt sie gar nicht mal unfreundlich, »aber Geschichten kenne ich keine. Die müsst ihr euch schon selbst ausdenken. Und die Augen dabei zumachen, sonst wird das nix.«

»Aber was für eine Geschichte denn?«, fragt Fabian. »Der Zirkus ist fortgezogen.«

»Dann stell dir doch einfach vor, wohin der Zirkus gezogen ist, über die sieben Berge zu den sieben Zwergen, und da bauen sie gerade das große Zelt auf, und du bist dabei, du bist nämlich der Löwenbändiger.«

»Ah ja!«, sagt Fabian.

»Und du«, wendet sich die Sandfee an Lisa, »wenn du morgen ein Diktat schreiben darfst, dann stell dir doch vor, was für ein riesengroßes Vertrauen der Lehrer in dich hat, dass er dich mitschreiben lässt. Ich durfte noch nie ein Diktat mitschreiben.«

Lisa verschlägt es fast die Sprache bei solchen Worten. Aber dann muss sie lachen.

»Und stell dir im Traum vor«, fährt die Sandfee unbewegt fort, »wie diese ganzen Wörter alle geschrieben werden, und sag dir tief in den Traum hinein, dass du ganz stark und klug sein wirst.«

»Das will ich machen«, sagt Lisa.

»Aber ein paar Sandkörner lässt du uns doch auch da?«, fragt Fabian.

»Mal sehen, mal sehen ...«, die Sandfee kramt in einer Tasche ihres weiten Gewands. Dann streut sie etwas in die Luft, und Lisa und Fabian merken, wie ihre Augenlider ganz schwer werden.

Die Sandfee dreht sich einmal um sich selbst und ist im Blitzen ihres Gewandes verschwunden.

Lisa und Fabian liegen und träumen.

Die Sandfee will mehr Geschichten erzählen

»Sandfee, Sandfee!« Fabian und Lisa rufen mit vereinten Kräften nach der schönen Dame im silbernen Kleid, denn heute sind sie sich mal wieder einig: Sie haben so richtig Lust, mit ihr etwas zu plaudern. Still lauschen die beiden dann, ob sich etwas rührt. Tatsächlich, schon wird es heller auf der Fensterbank, die kleine Gestalt der Sandfee taucht auf. Gerade wollen die Kinder sie begrüßen, als die Sandfee mal wieder richtig zu schimpfen beginnt:

»Diese Kinder überall! Dauernd rufen sie einen und wollen mit mir reden, aber jedes Mal schlafen sie dabei ein und kriegen den letzten Satz nicht mehr mit. Ich mühe mich ab, ihnen etwas Schönes zu erzählen, und die schlafen einfach!«

Die Sandfee setzt sich beleidigt auf den Rand eines Blumentopfes.

»Aber Sandfee«, tröstet sie Fabian, »das ist doch gerade das Schöne an deinen Geschichten. Erst sind sie ein bisschen spannend, und am Ende sind sie dann so ruhig und still, dass man davon ganz müde wird und wunderbar schlafen kann.«

»Und du langweilst dich nicht dabei?«, fragt die Sandfee nach.

»Ganz bestimmt nicht«, meint jetzt auch Lisa, »deine Geschichten wirken fast noch besser als dein Traumsand.«

»Besser als mein Traumsand?«, fragt die Sandfee und überlegt. »Dann könnte ich ja ab und zu den Menschenkindern einfach Geschichten erzählen, wenn es mit dem Traumsand nicht so recht klappt«, meint sie.

»Genau!«, lachen jetzt Fabian und Lisa, »und am besten fängst du gleich jetzt bei uns damit an!«

Jetzt lacht auch die Sandfee und meint: »Ihr zwei seid schon kleine Schlaumeier! Aber wenn ich es mir recht überlege: Eigentlich habe ich euch ja noch nie eine Geschichte erzählt. Ich sage euch immer nur, was ihr euch selbst ausdenken könnt.«

»Hauptsache, du bist da«, sagt Fabian.

»Und was sollen wir uns heute ausdenken?«, fragt Lisa.

»Ich würde mir eine Geschichte vom Sand überlegen«, sagt die Sandfee. »Denn eigentlich interessiert mich schon, wo der Sandmann nur all den schönen Sand herbekommt. Aber gefragt hab ich ihn noch nie. Vielleicht denkt ihr euch dazu eine Geschichte aus und träumt davon, und morgen dürft ihr sie mir dann erzählen.«

»Machen wir«, lallen Lisa und Fabian gerade noch so vor sich hin, dann fallen ihnen die Augen zu. Die Sandfee dreht sich einmal um sich selbst und ist hinterm Blitzen ihres Kleides verschwunden.

Die Sandfee und der Albtraum

»Du, Sandfee, neulich hatte ich einen ganz blöden Traum ...« Lisa weiß nicht so recht, wie sie es der Sandfee erklären soll.

»Ach, ein Albtraum«, meint die Sandfee aber gleich, als habe sie so etwas schon tausendmal gehört, und setzt sich auf der Fensterbank zurecht.

»Ja, genau«, bestätigt Fabian, »danach hatte sie den ganzen Tag schlechte Laune.«

»Albträume«, erklärt die Sandfee, »die hat jeder ab und zu. Auch die Erwachsenen. Sie machen einem Angst, aber eigentlich sind sie ganz harmlos.«

»Das stimmt«, bestätigt Fabian.

»Ja«, sagt die Sandfee, »ich kenne viele Kinder, die schon mal einen Albtraum hatten. Aber am schlimmsten war es bei Christian. Dem ist Nacht für Nacht im Traum eine Maus begegnet. Schließlich hatte er schon abends solche Angst, dass er überhaupt nicht mehr ins Bett wollte.«

»Wegen einer Maus?«, fragt Lisa ungläubig.

»Er hatte eben Angst vor Mäusen«, sagt die Sandfee. »Und er würde vielleicht bis heute nicht ins Bett wollen, wenn nicht Christians Papa eine gute Idee gehabt hätte.

›Das wäre doch gelacht‹ sagte der, ›wenn wir mit so einer Maus nicht fertig würden. Heute Nacht werden wir sie vertreiben.‹ ›Wie sollen wir das denn machen?‹, fragte Christian ängstlich.

›Ich werde heute Nacht bei dir schlafen‹, erklärte der Vater. ›Und wenn die Maus kommt, weckst du mich auf. Dann brüllen wir sie aus Leibeskräften an, und du wirst sehen, sie taucht nie wieder auf.‹«

»Haben die das dann wirklich gemacht?«, will Lisa wissen.

»Klar haben sie das gemacht«, sagt die Sandfee. »Nachts, als die Maus in seinem Traum gekommen ist, hat Christian schnell seinen Vater geweckt, und dann haben die beiden sie angebrüllt. ›Du dumme, blöde Maus, hau bloß ab, lass dich hier nie wieder blicken, sonst kannst du was erleben!‹«

»Und das hat wirklich geholfen?«, fragt Lisa.

»Klar«, meint die Sandfee. »Die Traummaus hat solche Angst bekommen, dass sie schnell abgehauen ist. Und seither träumt Christian wieder schöne Sachen.«

»Meinst du«, fragt Lisa zögernd ihren Bruder Fabian, »meinst du, wir könnten das auch mal probieren, falls ich mal wieder einen Albtraum hab?«

»Na klar«, meint Fabian angeberisch. »Mit so einem Ungeheuer werd ich schon fertig! Dem werd ich was erzählen, wenn es noch mal auftaucht!«

»Na, dann wünsch ich euch viel Glück bei eurer Mäusejagd«, lacht die Sandfee. »Und wenn Fabian doch zu tief schläft, dann brüllst du das Traumwesen einfach selbst an, Lisa, oder zauberst es ganz klein. Im Traum ist nämlich jedes Kind unverwundbar. Und ich glaube, deine Maus ist schon jetzt ganz verschreckt und lässt sich gar nicht mehr blicken.«

Die Sandfee hat ihren Sack vergessen

Heute Abend wartet die Sandfee schon auf der Fensterbank, als Lisa und Fabian aus dem Bad kommen.

»Hallo, Sandfee«, begrüßen die beiden sie. »Du bist heute aber früh dran – und wo hast du denn deinen Sandsack?« »Ach«, sagt die Sandfee gedehnt, »den hab ich auf dem Mond vergessen.«

Die Kinder schauen erschrocken. »Auf dem Mond vergessen, das ist aber schlimm. Da kannst du den Kindern heute ja gar keine schönen Träume bringen! Außerdem musst du dann bestimmt zur Strafe das Mondkalb eine Woche lang spazieren führen.«

Jetzt lächelt die Sandfee geheimnisvoll und zieht hinter ihrem Rücken ein dickes Buch mit goldenem Einband hervor.

»Ich habe aber das hier«, sagt sie und dreht das Buch vor den Augen der Kinder hin und her.

»Was ist das?«, will Fabian wissen und schaut die Sandfee erwartungsvoll an.

»Das ist ein Buch, in dem ganz viele Gutenachtgeschichten drinstehen. Ich hab es vom Mann im Mond bekommen. Als er hörte, dass ich euch ab und zu Geschichten erzähle und ihr davon sogar manchmal einschlaft, hat er es mir geschenkt für den Fall, dass der Traumsand mal wieder nicht funktioniert oder dass ich den Sack vergesse.«

»Prima!«, ruft Lisa. »Da musst du uns heute Abend aus deinem neuen Geschichtenbuch gleich eine Kostprobe geben!«

»Na klar«, lacht die Sandfee und schlägt ihr Buch auf. »Wir fangen gleich an. Aber wir machen es wie immer. Ich erzähle euch nur, worum es in der Geschichte geht, genau ausdenken müsst ihr sie euch selbst.«

»Wozu brauchst du dann das Buch?«, fragt Lisa.

»So gut mit dem Ausdenken wie ihr bin ich eben nicht«, sagt die Sandfee schnippisch. »Na und? Dafür habe ich eben das Buch.«
»Ist ja gut«, sagt Fabian. »Und was für eine Geschichte sollen wir uns ausdenken?«

Die Sandfee blättert einige Seiten um. »Ja, die!«, sagt sie dann begeistert und zeigt auf die Seite vor sich. »Die hat mir meine Mama immer vorgelesen, als ich noch ganz klein war.«

»Und was kommt drin vor?«, fragt Fabian.

»Ganz viel Sand«, sagt die Sandfee träumerisch und verdreht die Augen.

»Ist das alles?«, fragt Lisa.

»Sand ist doch eine ganze Menge«, belehrt sie die Sandfee. »Eine riesig große Menge sogar. Aber auch Kamele kommen drin vor. Außer dem Sand. Und eine wunderschöne grüne Oase mit Palmen und einem klaren See. Umgeben ist sie von Sanddünen. – Den Rest müsst ihr euch schon selbst ausdenken.«

Die Sandfee schaut die beiden Kinder an und lacht. Und während denen schon wieder die Augen zufallen, dreht sie sich einmal um sich selbst und ist im Blitzen ihres Kleides verschwunden.

Die Sandfee hat ihren Sand verbraucht

»Hallo, ihr beiden!« Fabian und Lisa heben erstaunt die Köpfe über die Bettdecken. Da steht doch tatsächlich die Sandfee auf der Fensterbank und spricht sie ganz freundlich an.

»Hallo«, sagt Fabian und reibt sich die Augen. »Was ist denn mit dir heute los, du bist ja richtig gut aufgelegt!«

»Ja«, meint die Sandfee, »heute war ein sehr guter Abend für mich. Mein Träumesand hat wunderbar gewirkt, alle Kinder sind ganz schnell eingeschlafen … Außer euch natürlich«, fügt sie schelmisch hinzu. »Da dachte ich mir, ich komme vorbei und erzähle euch eine Geschichte.«

»Au ja«, strahlen Fabian und Lisa und kuscheln sich gleich wieder in ihre Betten.

»Wo hast du denn dein Geschichtenbuch?«, fragt Lisa. »Und willst du uns wirklich selber eine Geschichte erzählen«, setzt Fabian hinzu.

»Oh!«, die Sandfee schlägt sich gegen die Stirn und fängt an zu schimpfen. »Das Geschichtenbuch, das Geschichtenbuch, wo habe ich nur das Geschichtenbuch gelassen? Ich glaube, ich hab es verloren!« Wütend stampft sie mit dem Fuß auf, dass die Sandkörner auf der Fensterbank nur so hüpfen.

Lisa und Fabian seufzen erleichtert, dass die Sandfee wieder die alte ist.

»Wir können uns ja eine Geschichte ausdenken«, sagt Lisa.

»Das würdet ihr tun?« Die Sandfee hält mit Stampfen inne und schaut sie an.

»Ja«, sagt Fabian. »Für dich.«

»Also, also, da bin ich doch ganz überrascht«, sagt die Sandfee, »bloß fällt mir jetzt vor lauter Überraschung überhaupt keine Geschichte ein.«

»Sand sollte drin vorkommen«, sagt Lisa.

»Ja«, sagt die Sandfee und verdreht begeistert die Augen.

»Und Sterne«, sagt Fabian, weil er vor dem Zubettgehen einen Bildband mit Sternen angeschaut hat.

»Ja«, die Sandfee verdreht die Augen in die andere Richtung. »Die sehen so klein wie Sandkörner aus und leuchten schön!«

»Und ein Fernrohr«, sagt Fabian, weil das auch in seinem Bildband vorkam.

»Ich habe keine Ahnung, was ein Fernrohr sein soll«, sagt die Sandfee und schaut ihn misstrauisch an.

»Weißt du was?«, sagt Lisa. »Wir träumen davon und erzählen es dir dann morgen.« Aber sie kann den Satz nur noch mit Mühe zu Ende sagen, fast fallen ihr schon die Augen zu.

Schon sind die beiden Kinder eingeschlafen. »Hoffentlich denken sie morgen auch dran«, murmelt die Sandfee vor sich hin. Dann dreht sie sich einmal um sich selbst und ist im Blitzen ihres Gewandes verschwunden.

Zur Guten Nacht – Das Kätzchen und der kleine Bär

Entspannungsgeschichten zum Vorlesen

Kätzchen
an der Kuhweide

Abend ist es geworden, das Kätzchen ist auf seinem Weg nach
Hause. Von den Sonnenblumenfeldern her kommt es den Feldweg entlanggeschlichen. Zwischen den Sonnenblumen hat es
den Vögeln nachgestellt, und noch jetzt ist ihm der Kopf ganz
wirr von all dem schrillen Spatzengezeter. Seine Gedanken
schweifen ab, fast ist es schon zu Hause in seinem weichen Heu-
lager auf dem Scheunenboden – da wird es von einem lauten
Brüllen aufgeschreckt.

Das Kätzchen duckt sich und schaut sich um. »Muh, muh«, tönt
es noch einmal. Hinter dem Zaun steht eine Kuh, viele Kühe
sind da, aber nur eine brüllt und – schaut sie nicht eben in die
Richtung, wo das Kätzchen im Staub des Feldwegs kauert?

Das kleine Kätzchen rührt sich nicht. Zum Glück ist da noch der
Zaun. Unverwandt starrt es die Kuh an und wagt kaum, Atem
zu holen. Aber die Kuh schüttelt nur den Kopf und zieht mit ihrem Maul Heu vom Wagen, der auf der Wiese steht. Und kaut
und kaut.

Das Kätzchen schüttelt sich. Heu wäre so ziemlich das Letzte,
was es sich zu essen wünscht. Es schaut weiter umher auf der
Weide. Dort stehen noch ein zweiter Heuwagen und ein Wasserwagen. Wenn die Kühe Durst haben, laufen sie dorthin und
trinken. Aber jetzt liegen die meisten Kühe am Boden, dösen vor
sich hin und kauen. Ihre Schwänze schlagen durch die Luft –
Fliegen verjagen.

Die ruhenden Kühe gefallen dem Kätzchen am besten. Schwer
und massig liegen sie auf der zerstampften Erde. Ganz ruhig lie-

gen sie. Das sieht gemütlich aus. Sie bewegen sich kaum. Aber man sieht, wie sie kauen.

»Die haben den ganzen Tag lang nur Zeit, Zeit, Zeit«, denkt das Kätzchen. »Die tun den Tag über gar nichts als muhen und fressen. Und wenn die Nacht kommt, dann geht es zurück in den Stall, und dann schlafen sie.«

Da fällt dem Kätzchen ein, dass es selbst gerade auf dem Weg nach Hause ist. Es schaut noch einmal über die Weide mit ihren Kühen, den Heuwagen, dem Wasserwagen.

»Bis morgen, Weide«, miaut es. Dann schleicht es davon.

Bald ist das Kätzchen wieder in seiner gemütlichen Scheune angekommen. Es schlüpft durch das Scheunentor und trippelt die Holzstiege hinauf. Zwischen den Heuballen ist das Katzenlager. Die Mutter ist da, ein Brüderchen liegt schläfrig und schnurrt. Da merkt das Kätzchen, wie müde es ist. Still legt es sich hin. Es legt sich hin und streckt seine Pfoten aus.

Da liegt das Kätzchen – ganz ruhig. Kannst du die Ruhe des Kätzchens spüren? Die Ruhe ist überall in ihm, ganz tief. – Schwer sind die Pfoten des Kätzchens, ganz schwer. Fühlst du, wie schwer seine Pfoten sind? Das Kätzchen ist schwer, ganz schwer. – Und warm sind die Pfoten des Kätzchens, schön warm. Fühlst du, wie warm sie sind? Die Wärme strömt durch seinen ganzen Körper. Das Kätzchen ist warm, schön warm. – Sein Atem geht ein und aus, ein und aus, ganz ruhig und gleichmäßig, ganz von allein. – Das Kätzchen ist ruhig, schwer und warm – ruhig, schwer und warm. – So liegt das Kätzchen da und ruht sich aus. Es ruht sich aus, es liegt da und lässt die Ruhe tief in sich wachsen.

Kleiner Bär
auf Familienausflug

Familie Bär ist auf einem Ausflug im Wald. Unter der Linde auf einer Waldwiese machen sie Rast. »Und haltet mir Ruhe«, brummt Mutter Bär zu den vier Bärenkindern. »Die Linde ist der Friedensbaum.« Die Bärenkinder hören es kaum, schon sind sie im wogenden Gras der Waldwiese verschwunden.

Zwei Bärenkinder versuchen, einen Kaninchenbau auszuheben. Da hocken sie nun an einem Eingang und graben und graben...

Tief unter der Erde sitzt die Kaninchenfamilie. Bange ist den Kaninchen nicht besonders. Schließlich hat ihr Bau so viele andere Ausgänge. Sollten die Bären wirklich bis zum Kessel tief unter der Erde vordringen, sind sie schnell durch einen der Seitenausgänge verschwunden. Nein, fürchten tun sich die Kaninchen nicht sehr, aber sie ärgern sich.

»Diese tollpatschigen kleinen Bären zerwühlen uns unseren ganzen Vorgarten«, piepst Vater Kaninchen. »Gleich geh ich hinaus und zieh ihnen die Ohren lang!« Dabei reckt er sich zu seiner ganzen gewaltigen Größe.

Ein anderes Bärenkind stellt im Gebüsch den Vögeln nach. Eifrig versucht es, einen der vielen Vögel zu haschen, die dort hausen. »Ich will doch nur mit euch spielen«, brummt es dazu. Aber die Vögel glauben ihm nicht, und da haben sie recht. Völlig zerzaust ist das Bärenkind schon von den vielen Zweigen und Dornen der Büsche. Es will sich setzen, den Pelz ein wenig zu pflegen – doch au!, da hockt es mitten auf eine Dornenranke. Schnell ist es wieder auf den Beinen und reibt sich den Hintern. Da macht es doch lieber, dass es aus den Hecken herauskommt.

Der kleine Bär hat sich bäuchlings auf die Wiese gelegt. Atemlos beobachtet er die vielen Insekten. Eine Grille sitzt da und putzt sich die Flügel. Bald wird sie wieder zu zirpen beginnen. Ameisen laufen auf der Erde herum, hierhin und dahin. Das Ameisennest kann der kleine Bär nirgends entdecken. Wahrscheinlich liegt es unter der Erde. Ein Marienkäfer ist auf einem breiten Grashalm gelandet. Er läuft bis zur Spitze des Halmes hinauf. Dort probiert er seine Flügel, und schwupp, schon ist er wieder verschwunden. Der kleine Bär brummt ein Bärenlied vor sich hin.

Da beginnt die Erde, plötzlich leicht zu beben. Die Geschwister sind es, sie stürmen heran, um mit ihm zu spielen. Aber da kommen Vater und Mutter Bär von ihrem Platz unter dem Lindenbaum.

»Es ist Zeit, wir müssen nach Hause«, brummt Vater Bär. Und so machen sie sich wieder auf, durch den Wald. Bald sind sie an ihrer Bärenhöhle angekommen. Brummend legen sie sich aufs weiche Lager. Der kleine Bär gähnt, er ist müde.

Da liegt der kleine Bär – ganz ruhig. Kannst du die Ruhe des kleinen Bären spüren? Die Ruhe ist überall in ihm, ganz tief. – Schwer sind die Tatzen des kleinen Bären, ganz schwer. Fühlst du, wie schwer seine Tatzen sind? Der kleine Bär ist schwer, ganz schwer. – Und warm sind die Tatzen des kleinen Bären, schön warm. Fühlst du, wie warm sie sind? Die Wärme strömt durch seinen ganzen Körper. Der kleine Bär ist warm, schön warm. – Sein Atem geht ein und aus, ein und aus, ganz ruhig und gleichmäßig, ganz von allein. – Der kleine Bär ist ruhig, schwer und warm – ruhig, schwer und warm. – So liegt der kleine Bär ein Weilchen und ruht sich aus. Er liegt da und lässt die Ruhe tief in sich wachsen.

Kätzchen
dem Faden nach

Gerade noch hat das Kätzchen mit ihm gespielt, nun rollt der blaue Wollknäuel die Bergwiese hinunter. Nur das Fadenende bleibt übrig, das hat sich an einer Wurzel verfangen. Erst schaut das Kätzchen dem Knäuel nur ganz erschrocken nach, dann fasst es sich ein Herz und läuft hinterher, die Nase immer dicht überm Faden.

Bunte Schmetterlinge flattern über dem Kätzchen, doch es achtet nicht darauf. Es achtet nicht auf das Brummen der Hummeln, es achtet nicht auf das Fliegengesumme, es achtet nicht auf den lauen Wind und die Sonne, es achtet nicht auf den Duft der Gräser und Kräuter. Die Farben der Blumen sieht es gar nicht. Es sieht nur den Faden des Wollknäuels, der sich die Wiese hinunterschlängelt, ins Tal.

Nur an der Glockenblume, an dieser einen großen, direkt neben dem Faden, kann das Kätzchen nicht vorbei. Das Kätzchen kann die Glockenblume läuten hören.

»Klingeling, klingeling,
nicht so schnell, du kleines Ding,
wie ein Pfeil, so willst du jagen,
doch du wirst dich überschlagen,
und dann klagen und dann klagen.
Longelang, longelang,
sachte ist der Katzengang.«

So singt die Glockenblume. Das Kätzchen schnüffelt an ihrem Kelch. Dann geht es weiter, langsamer, sachter, und es achtet genau auf alles, was ihm begegnet.

Es achtet auf die Schmetterlinge. Hoch reckt es den Kopf, um ihren Tanz zu beobachten. Es achtet auf die Bienen und Hummeln. Neugierig schnüffelt es an den Blüten, die von den Bienen besucht werden. Vorsicht, dass du keine störst! Sonst sticht sie womöglich! Das Kätzchen achtet auf den Gesang der Vögel. Vom Bergwald klingt der herauf.

Und dann achtet es auf nichts mehr. Das Kätzchen sucht sich wieder den Faden von seinem blauen Wollknäuel im Gras. Und weiter schleicht es, die Blumenwiese hinunter, hinein in den Bergwald.

Die Sonne verschwindet hinter dunklen Kiefernwipfeln, das Licht wird schwächer, geheimnisvoll düster. Aber schnell gewöhnen sich die Augen des Kätzchens daran. Auf weichen Moospolstern schleicht es vorwärts, vorsichtig, ganz vorsichtig, immer dem Faden nach.

Das Kätzchen schnüffelt an Kiefernzapfen, die überall liegen, es schnüffelt an Pilzen, an Waldbeeren schnüffelt es – doch immer behält es den Faden im Auge und schleicht langsam hinunter ins Tal.

Bald hat es die letzten Bäume hinter sich gelassen, die Äcker und Felder des Tales breiten sich vor ihm aus. Nicht weit von hier ist die Scheune. Der Faden läuft direkt auf sie zu. Das Kätzchen ist müde geworden von seiner Wanderung. Langsam, ganz langsam schleicht es neben dem Wollfaden her bis in den Hof vor der Scheune. Dort endet der Faden. Der Wollknäuel hat sich ganz abgewickelt. Ein Huhn zieht am Fadenende, als sei der Faden ein Wurm. Als es das Kätzchen sieht, rennt das Huhn gackernd davon.

Das Kätzchen schnüffelt am Fadenende, dann schleicht es durch die offene Tür zur Scheune hinein. Langsam trippelt es die Stiege zum Scheunenboden hinauf. Zwischen den Heuballen ist das Katzenlager. Die Eltern sind nicht da, aber zwei Geschwister blinzeln ihm schläfrig entgegen. Da merkt das Kätzchen, wie müde es ist. Schnurrend legt es sich zu ihnen ins Heu.

Da liegt das Kätzchen – ganz ruhig. Kannst du die Ruhe des Kätzchens spüren? Die Ruhe ist überall in ihm, ganz tief. – Schwer sind die Pfoten des Kätzchens, ganz schwer. Fühlst du, wie schwer seine Pfoten sind? Das Kätzchen ist schwer, ganz schwer. – Und warm sind die Pfoten des Kätzchens, schön warm. Fühlst du, wie warm sie sind? Die Wärme strömt durch seinen ganzen Körper. Das Kätzchen ist warm, schön warm. – Sein Atem geht ein und aus, ein und aus, ganz ruhig und gleichmäßig, ganz von allein. – Das Kätzchen ist ruhig, schwer und warm – ruhig, schwer und warm. – So liegt das Kätzchen und ruht sich aus. Es liegt da und lässt die Ruhe tief in sich wachsen.

Kleiner Bär und
die verfallene Burg

Tief im Wald entdeckt der kleine Bär eine Ruine. Das Dach ist eingestürzt. Die Mauern sind überwachsen mit Moos und mit Efeu. Aus Mauerritzen sprießt Gras. Dornenbüsche wuchern zwischen den Steinen. Der Fußboden ist schon lange verschwunden, da ist nur die Erde des Waldes.

Der kleine Bär tappt zwischen den Mauern umher. Ob das eine verfallene Burg ist oder gar ein Schloss? Vielleicht sogar ein verwunschenes Schloss? Der kleine Bär tappt durch die Mauerreste und versucht sich vorzustellen, wie alles hier war, bevor es zerfallen ist, wie alles war, als noch Menschen hier wohnten. Aber er kann es sich einfach nicht ausmalen, zu fremd sind ihm dazu die Menschen und ihre künstlichen Wände.

Der kleine Bär überlegt, wieso die Burg wohl verfallen ist. Ob die Menschen fortgezogen sind, weil es ihnen hier nicht mehr gefallen hat? Der kleine Bär kann sich das aber überhaupt nicht vorstellen, schließlich ist der Bärenwald wunderschön, bestimmt der schönste Ort auf der Welt. Vielleicht gab es aber einen Streit, und die Burg wurde zerstört, und danach meinten die Menschen, es lohne sich nicht mehr, sie wieder aufzubauen? Oder die Menschen hier sind einfach ausgestorben wie früher die Dinosaurier.

So sinnt der kleine Bär hin und her und läuft durch die alten Gemäuer. Aber so tot und leer, wie er erst dachte, ist die Burgruine gar nicht. Vögel nisten auf Büschen und Bäumen im halb eingestürzten Turm, Eidechsen huschen über die Steine. Ein Gang führt unter die Erde, dort haben Fledermäuse eine Behausung gefunden. Überall lebt es. Der kleine Bär brummt zufrieden.

Früher gehörte die Burg den Menschen, heute gehört sie den Tieren des Bärenwalds.

Die Zeit ist vergangen, die Sonne sinkt hinter den Horizont, und so macht sich der kleine Bär auf den Heimweg. Bald ist er an seiner Bärenhöhle angekommen. Die ist von selbst entstanden, im Fels, durch die Kräfte der Erde, die hat niemand gebaut. Aber die Bärenfamilie wohnt heute darin. Vater Bär ist noch unterwegs. Mutter Bär ist zu Hause, und auch die Geschwister sind da. Der kleine Bär legt sich aufs weiche Bärenlager. Er ist weit gelaufen.

Da liegt der kleine Bär – ganz ruhig. Kannst du die Ruhe des kleinen Bären spüren? Die Ruhe ist überall in ihm, ganz tief. – Schwer sind die Tatzen des kleinen Bären, ganz schwer. Fühlst du, wie schwer seine Tatzen sind? Der kleine Bär ist schwer, ganz schwer. – Und warm sind die Tatzen des kleinen Bären, schön warm. Fühlst du, wie warm sie sind? Die Wärme strömt durch seinen ganzen Körper. Der kleine Bär ist warm, schön warm. – Sein Atem geht ein und aus, ein und aus, ganz ruhig und gleichmäßig, ganz von allein. – Der kleine Bär ist ruhig, schwer und warm – ruhig, schwer und warm. – So liegt der kleine Bär ein Weilchen und ruht sich aus. Er liegt da und lässt die Ruhe tief in sich wachsen.

Kätzchen döst vor seiner Scheune

Das Kätzchen liegt in der warmen Sonne vor seiner Scheune. Ganz faul liegt es da und lässt die warmen Sonnenstrahlen auf seinem Fell tanzen. Sein Bauch hebt und senkt sich bei jedem Atemzug.

Das kommt ihr wohl interessant vor, der fetten Fliege, denn sie brummt heran und schwirrt über dem Bauch des Kätzchens. Das Kätzchen bemerkt die Fliege wohl, aber es ist viel zu faul, um sich zu rühren. Die Fliege brummt einmal den Bauch des kleinen Kätzchens ab, dann hat sie genug und verschwindet wieder in der Weite des Himmels. Das Kätzchen liegt einfach nur da.

Vom Dach des Kuhstalls tschilpen Spatzen. Eine ganze Schar ist es, die sich wohl wegen irgendetwas streitet. Oder soll das etwa Freude sein, dieses Gezeter? Irgendeine Spatzenfreude, von der die Katzen noch nie etwas erfahren haben? Das Kätzchen hört die Spatzen wohl lärmen, aber es stört sich nicht daran. Es liegt einfach nur da. Die Spatzen haben genug mit sich selbst zu tun.

Durch die Spalte der Kuhstallfenster flitzen Schwalben. Die haben dort drinnen ihre Nester und bringen nun Futter für ihre Jungen nach Haus. Pfeilschnell schwirren sie durch den Himmel. Und unfehlbar sicher treffen sie immer genau durch den Fensterspalt. Das kleine Kätzchen sieht wohl die Schwalben, wenn es einmal die Augen kurz aufmacht, doch es kümmert sich nicht um sie. Die Schwalben haben genug mit sich selbst zu tun.

Im Hof laufen Hühner. Die sind wohl wieder durch ein Loch im Hühnerstall durchgeschlüpft. Bald wird sie jemand bemerken und zurückscheuchen. Bis dahin schauen sie sich den Bauernhof an. Sie gackern neugierig und aufgeregt. Das kleine Kätzchen hört ihr Gackern. Es öffnet ein Auge. Das zweite Auge bleibt zu. Und dann schließt es auch das erste Auge wieder und rekelt sich wohlig. Irgendjemand wird sich um die Hühner schon kümmern. Irgendwann später. Das kleine Kätzchen bleibt liegen. Die Hühner haben genug mit sich selbst zu tun.

Am Himmel brummt ein Flugzeug, vom Feld her rattert ein Trak-tor. Aber das Kätzchen kümmert sich heute um gar nichts. Es liegt einfach nur da und döst vor sich hin. Es liegt nur und ruht.

Da liegt das Kätzchen – ganz ruhig. Kannst du die Ruhe des Kätzchens spüren? Die Ruhe ist überall in ihm, ganz tief. – Schwer sind die Pfoten des Kätzchens, ganz schwer. Fühlst du, wie schwer seine Pfoten sind? Das Kätzchen ist schwer, ganz schwer. – Und warm sind die Pfoten des Kätzchens, schön warm. Fühlst du, wie warm sie sind? Die Wärme strömt durch seinen ganzen Körper. Das Kätzchen ist warm, schön warm. – Sein Atem geht ein und aus, ein und aus, ganz ruhig und gleichmäßig, ganz von allein. – Das Kätzchen ist ruhig, schwer und warm – ruhig, schwer und warm. – So liegt das Kätzchen und ruht sich aus. Es liegt da und lässt die Ruhe tief in sich wachsen.

Kleiner Bär
auf der Waldwiese

Der kleine Bär steht mitten auf der Wiese im Bärenwald. Er reckt sich, so hoch er nur kann. Am Himmel strahlt die Sonne, aber natürlich erreicht der kleine Bär sie mit seinen Tatzen nicht. Der Mond ist gerade aufgegangen. Groß und blass leuchtet er über den Baumwipfeln. Der kleine Bär schlägt auch nach dem Mond, aber er erreicht ihn nicht. Da brummt er vergnügt, der kleine Bär, und sieht sich weiter um. Nur ein einziger Stern ist zu sehen, der leuchtet gerade dort, wo es am hellsten ist, nah bei der Sonne. »Das muss ein sehr heller Stern sein«, denkt sich der kleine Bär, »sonst wäre er so nah bei der Sonne gar nicht zu sehen. Ich will ihn Abendstern nennen.« Der kleine Bär schlägt auch nach dem Stern, aber er erreicht ihn nicht.

Der kleine Bär brummt zufrieden und lässt sich auf alle viere fallen. Der Himmel über ihm ist so weit. Über ihm sausen ein paar späte Schwalben durch das dunkel werdende Blau. Sie fangen Mücken. Aber jetzt machen sie sich auf den Heimweg zu ihren Nestern im Dorf. Der kleine Bär hört die hellen Schreie der Schwalben und weiß, dass es auch für ihn Zeit wird, nach Hause zu gehen.

Aber da sind doch all diese Blumen! Bunt leuchten sie in der Waldwiese, dicht an dicht – doch sie stören sich nicht. Jede hat ihren Platz. Die Bienen sind schon heimgeflogen, zu ihren Stöcken am Waldrand. So kann der kleine Bär ganz ungestört an den bunten Kelchen schnuppern. Gelb sind Löwenzahn und Hahnenklee, weiß ist das Wiesenschaumkraut, blau sind die Glockenblumen, und die Namen dieser roten Blumen – der kleine Bär kratzt sich hinter dem Ohr, doch sie fallen ihm einfach nicht ein. »Ich will sie Wunderrot nennen«, denkt er vergnügt.

Der kleine Bär schaut zu, wie der Abendwind über die Wiese streicht. Die Gräser wiegen sich auf und nieder, ganz wie die Wellen des Windes. Nieder und hoch, nieder und hoch.

Versunken betrachtet der kleine Bär die Windwellen im Gras. Deshalb hört er erst gar nicht das Gebrumme vom Waldrand. Jetzt tönt es noch lauter und deutlicher. Der kleine Bär schrickt aus seinen Gedanken auf. Er läuft über die Wiese, hinüber zum Wald. Die Mutter ist es und zwei Geschwister. Zusammen trotten sie heim, zur Bärenhöhle.

Der Weg ist nicht weit, bald sind sie zu Hause angekommen. Der kleine Bär ist müde geworden. Brummend legt er sich ins Bärenbett. Er legt sich auf den Rücken und streckt die Pfötchen aus.

Da liegt der kleine Bär – ganz ruhig. Kannst du die Ruhe des kleinen Bären spüren? Die Ruhe ist überall in ihm, ganz tief. – Schwer sind die Tatzen des kleinen Bären, ganz schwer. Fühlst du, wie schwer seine Tatzen sind? Der kleine Bär ist schwer, ganz schwer. – Und warm sind die Tatzen des kleinen Bären, schön warm. Fühlst du, wie warm sie sind? Die Wärme strömt durch seinen ganzen Körper. Der kleine Bär ist warm, schön warm. – Sein Atem geht ein und aus, ein und aus, ganz ruhig und gleichmäßig, ganz von allein. – Der kleine Bär ist ruhig, schwer und warm – ruhig, schwer und warm. – So liegt der kleine Bär ein Weilchen und ruht sich aus. Er liegt da und lässt die Ruhe tief in sich wachsen.

Das Kätzchen und der Igel

Das Kätzchen hat einen neuen Freund gefunden. Bei den Hecken neben dem Komposthaufen ist er zu Hause. Da liegt er im Gras, ganz ruhig. So ein schönes Fell möchte das Kätzchen auch haben. Es schnuppert daran.

»Au«, fährt es zurück. Das Fell hat gestochen! Das Kätzchen fährt sich mit einer Pfote über die schmerzende Nase. Der neue Freund scheint kleiner zu werden, noch kleiner. Überall ist er nur Fell, stacheliges Fell.

Das Kätzchen tänzelt einmal um ihn herum und schnuppert ihn vorsichtig ab. »Wo ist er nur hin?«, fragt es sich. Das Gesicht ist verschwunden, verborgen hinter dem Stachelkleid. »Schade«, denkt das Kätzchen und kratzt sich noch einmal an der Nase. Dann läuft es davon.

Der Igel bleibt noch liegen. Er ist froh, sehr froh. So ein Ungeheuer ist ihm noch niemals begegnet. Doch schon schlägt sein Herz wieder ruhiger.

Ein ganzes Weilchen liegt er noch zusammengerollt und wartet. Dann lugt er vorsichtig unter den Stacheln hervor. Nichts zu sehen. Er streckt den Kopf aus seinem Stachelkleid und atmet tief durch.

»Ruhig, ganz ruhig«, denkt er sich. »Das Ungeheuer ist weitergezogen. Wahrscheinlich frisst es jetzt irgendjemand anderes auf. Einen Menschen oder eine Kuh oder ein ganzes Haus. Ruhig, ganz ruhig.« Nach diesem Abenteuer hat der Igel genug für heute und trippelt zurück in die Büsche.

Das Kätzchen läuft auf dem Feldweg zur Scheune. »Ich hab einen neuen Freund gefunden«, ruft es den Sonnenblumen am Wegrand zu. »Er ist sehr schüchtern, hat aber ein wunderbar stacheliges Fell!«

Die Sonnenblumen nicken im Wind. Die lärmende Schar der Spatzen verstummt kurz, als das Kätzchen vorbeikommt, aber schon ein paar Schritte hinter ihm geht das Spatzengeschwätz weiter. Eine Schnecke, die gerade über den Weg kriecht, zieht sich eilig in ihr Schneckenhäuschen zurück, als das Kätzchen über sie springt. »Gerade erst ist dieses Ungeheuer aus der einen Richtung gekommen, nun rast es in der anderen Richtung zurück«, denkt sich die Schnecke. »Einen ganzen halben Meter bin ich in der Zwischenzeit gewandert.«

Das Kätzchen hat die Schnecke gar nicht bemerkt. Es kommt auf dem Bauernhof an. Das Scheunentor steht offen. Geschwind schleicht es hinein und trippelt die Holzstiege hinauf auf den Heuboden. Zwischen den Heuballen ist das Katzenlager. Die Mutter ist da, auch zwei Geschwister liegen schläfrig im Heu. Da merkt das Kätzchen erst richtig, wie müde es ist. Schnurrend legt es sich hin und streckt seine Glieder aus.

Da liegt das Kätzchen – ganz ruhig. Kannst du die Ruhe des Kätzchens spüren? Die Ruhe ist überall in ihm, ganz tief. – Schwer sind die Pfoten des Kätzchens, ganz schwer. Fühlst du, wie schwer seine Pfoten sind? Das Kätzchen ist schwer, ganz schwer. – Und warm sind die Pfoten des Kätzchens, schön warm. Fühlst du, wie warm sie sind? Die Wärme strömt durch seinen ganzen Körper. Das Kätzchen ist warm, schön warm. – Sein Atem geht ein und aus, ein und aus, ganz ruhig und gleichmäßig, ganz von allein. – Das Kätzchen ist ruhig, schwer und warm – ruhig, schwer und warm. – So liegt das Kätzchen und ruht sich aus. Es liegt da und lässt die Ruhe tief in sich wachsen.

Kleiner Bär und die Quelle

Der kleine Bär ist schon oft über den Bach gesprungen bei seinen Streifzügen durch den Bärenwald. Kaum dass der kleine Bär das Rinnsal bemerkt hat, außer natürlich, wenn er mal durstig war. Heute steht er am Ufer und sieht genau hin.

»Woher das Wasser wohl kommen mag?«, fragt sich der kleine Bär. Er weiß: Das Bächlein fließt zur verlassenen Mühle hinunter. Dort mündet es in den Fluss. Aber woher kommt es? Der kleine Bär geht der Strömung entgegen.

Die Schlüsselblumen am Bachrand leuchten so wunderbar gelb. »Warum sie bloß Schlüsselblumen heißen?«, fragt sich der kleine Bär. Vor Zeiten hat ihm der Biber erzählt, das komme daher, dass ihre Kelche innen verschlossen seien. Wenn die Bienen und Hummeln hineinmöchten, dann bräuchten sie winzig kleine Schlüssel, um die Blütenschlösser zu öffnen. Aber das glaubt der kleine Bär nicht. Er hat nämlich mal in die Kelche geschaut und von Türen und Schlössern gar nichts bemerkt. Allerdings, so besonders genau konnte er das gar nicht sehen, es war da drinnen alles so dunkel und klein.

Immer weiter tapst der kleine Bär den Bachlauf aufwärts. Sprudelndes Wasser und Plätschern, Rauschen... Wenn sein Schatten auf den Spiegel des Wassers fällt, flüchten pfeilschnell Forellen. Der Weg wird steiler. Unmerklich erst, dann deutlicher, geht es aufwärts. Das Tal ist zu Ende. Dort irgendwo oben am Hang, dort muss die Quelle sein.

Früher waren wohl Menschen hier. Ein kleiner Weg taucht gelegentlich zwischen dem Gras auf. Am Wegrand steht ein gemauerter Brunnen, und Wasser sprudelt aus dem metallenen Brunnenrohr. Der kleine Bär schaut in den Spiegel des Brunnenwassers. Sein breites Gesicht, der Zottelpelz... Er brummt. Über dem Brunnenrohr sind Zeichen in den Stein geritzt. »Menschenzeichen«, denkt sich der kleine Bär. Aber sie sind kaum zu erkennen, schon fast überwuchert vom Moos.

Weiter geht es den Hang hinauf. Das letzte Stück ist das schwerste. Dann steht der kleine Bär endlich vor der Quelle des Waldbachs. Ein Tümpel ist es, kaum mehr als einen Bärensatz breit. Einen Zufluss hat er nicht, doch vom Grund quellen Luftblasen. »Von dort muss auch das Wasser einströmen, direkt aus der Erde«, denkt sich der kleine Bär. Er hat es geschafft, er brummt zufrieden. Zu Hause werden sie staunen. Er ist der große Entdecker! Vielleicht war noch nie ein anderer Bär hier.

Er schaut sich genau um, betrachtet die alten Bäume, die wie zum Schutz einen Kreis um die Quelle bilden. Dann macht er sich auf, nach Hause zurück.

Bald ist der kleine Bär wieder an seiner Höhle angekommen. Zwei Geschwister sind da und auch seine Mutter, die Bärin. Der kleine Bär legt sich aufs weiche Bärenlager.

Da liegt der kleine Bär – ganz ruhig. Kannst du die Ruhe des kleinen Bären spüren? Die Ruhe ist überall in ihm, ganz tief. – Schwer sind die Tatzen des kleinen Bären, ganz schwer. Fühlst du, wie schwer seine Tatzen sind? Der kleine Bär ist schwer, ganz schwer. – Und warm sind die Tatzen des kleinen Bären, schön warm. Fühlst du, wie warm sie sind? Die Wärme strömt durch seinen ganzen Körper. Der kleine Bär ist warm, schön warm. – Sein Atem geht ein und aus, ein und aus, ganz ruhig und gleichmäßig, ganz von allein. – Der kleine Bär ist ruhig, schwer und warm – ruhig, schwer und warm. – So liegt der kleine Bär ein Weilchen und ruht sich aus. Er liegt da und lässt die Ruhe tief in sich wachsen.

Kätzchen auf dem Floß

Am Fluss liegt ein Floß aus zusammengebundenen Baumstämmen. Es muss sich irgendwo losgerissen haben und ist hier angetrieben. Neugierig springt das Kätzchen hinauf. Das Floß schwankt unter seinem Gewicht. Dann legt es vom Ufer ab. Langsam treibt es in der Strömung des Flusses.

Das Kätzchen könnte noch herunterspringen, doch es will nicht. Eine Floßfahrt hat es noch nie gemacht, die will es sich nicht entgehen lassen. Etwas bange ist ihm schon. »Mit Mut geht's gut«, denkt es sich und legt sich auf die Stämme.

Langsam gleitet das Ufer vorbei. Hohe Pappeln säumen den Flussrand. Silbern schimmern die Blätter im Licht. Ein leichter

Wind geht durch die Kronen der Bäume. Die Blätter singen ihm Lieder. Da mögen noch Vögel sein, Finken vielleicht und lustige Spatzen, aber das Lied der Silberpappeln übertönt alles andere. Das Kätzchen schnurrt und hört dem Lied der silbernen Bäume zu. Das Floß schwankt sachte auf und ab, als wenn es dazu tanzen wollte.

Eine Brücke wölbt sich über den Fluss. Hoch ragen ihre Pfeiler empor. Unter der Brücke ist Schatten, hinter der Brücke taucht wieder die Sonne auf.

Das Kätzchen überlegt sich, wohin die Straße wohl führt, die dort die Brücke quert. Vielleicht zu einem Dorf, vielleicht zu einer großen Stadt, vielleicht ins Gebirge, vielleicht auch ans Meer, wie der Fluss, nur auf einem anderen Weg.

Die Brücke verschwindet langsam hinter dem Floß. Die Fahrt auf dem Fluss geht weiter.

Das Kätzchen schaut über das strömende Wasser. Strudel bilden sich hier und dort – und lösen sich wieder auf. Die Strömung ist mal stärker, mal schwächer. Blasen steigen aus der Tiefe auf. Ob die wohl von Fischen stammen? Oder vom Grunde des Flusses? Das Kätzchen sieht einen großen Fisch an die Oberfläche kommen, um ein Maulvoll Himmel zu schlucken. Oder hat er nach einer der bunten Libellen geschnappt?

Libellen mag das Kätzchen gerne. Die funkeln so schön im Sonnenlicht. Pfeilschnell sausen sie über das Wasser – doch manchmal stehen sie fast in der Luft.

Schmetterlinge aber hat das Kätzchen am liebsten. Sie taumeln so verrückt dahin, als wenn sie gar nicht fliegen könnten. Dabei landen sie sicher und haargenau auf jeder Blume, zu der sie wollen, auf jeder Blume am Ufer.

Ein Schmetterling setzt sich auf das Floß. Kurz ruht er hier aus, klappt seine Flügel zu und wieder auf, dann fliegt er weiter, zum anderen Ufer des Flusses.

Der Fluss macht einen weiten Bogen. Das Floß wird ans Ufer getragen. Sanft stößt es an Land. Das Kätzchen springt in den Sand. Es schüttelt sich einmal, dann putzt es sich. Die Strömung des Flusses greift wieder nach dem Floß und trägt es weiter, dem Meer entgegen. Lange sieht das Kätzchen ihm nach, dann macht es sich auf den Weg nach Hause.

Bald ist das Kätzchen wieder in seiner Scheune angekommen. Geschwind schlüpft es durchs Scheunentor und trippelt die Holzstiege hinauf. Im Katzenlager zwischen den Heuballen sind alle versammelt. Die Eltern sind da und die Geschwister. Alle liegen sie schläfrig und schnurren. Da merkt das Kätzchen, wie müde es ist. Still legt es sich hin und streckt seine Glieder aus.

Da liegt das Kätzchen – ganz ruhig. Kannst du die Ruhe des Kätzchens spüren? Die Ruhe ist überall in ihm, ganz tief. – Schwer sind die Pfoten des Kätzchens, ganz schwer. Fühlst du, wie schwer seine Pfoten sind? Das Kätzchen ist schwer, ganz schwer. – Und warm sind die Pfoten des Kätzchens, schön warm. Fühlst du, wie warm sie sind? Die Wärme strömt durch seinen ganzen Körper. Das Kätzchen ist warm, schön warm. – Sein Atem geht ein und aus, ein und aus, ganz ruhig und gleichmäßig, ganz von allein. – Das Kätzchen ist ruhig, schwer und warm – ruhig, schwer und warm. – So liegt das Kätzchen und ruht sich aus. Es liegt da und lässt die Ruhe tief in sich wachsen.

Medienempfehlungen

Literatur

Borbély, Alexander: Schlaf. Fischer Taschenbuch Verlag, Frankfurt am Main, 2004.

Foulkes, David: Children's dreams. Longitudinal studies. John Wiley & Sons, New York, 1982.

Friebel, Volker & Sabine Friedrich: Schlafstörungen bei Kindern. Trias, Stuttgart, 1989.

Friebel, Volker & Sabine Friedrich: Entspannung für Kinder. Rowohlt Taschenbuch, Reinbek, 1989 (18. Auflage 2011).

Gontard, Alexander von: Bettnässen. Verstehen und behandeln. Walter Verlag, Düsseldorf, 2001 (3. Auflage 2006).

Handler, L.: The amelioration of nightmares in children. Psychotherapy: Theory, Research and Practice, Band 9, 1972, S. 54–56.

Kneutgen, Johannes: Eine Musikform und ihre biologische Funktion. Über die Wirkungsweise der Wiegenlieder. Zeitschrift für experimentelle und angewandte Psychologie, Band 17, 1970, S. 245–265.

Peter, Helga; Thomas Penzel & Jörg Hermann Peter (Herausgeber): Enzyklopädie der Schlafmedizin. Springer Medizin Verlag, Heidelberg, 2007.

Rabenschlag, Ulrich: So finden Kinder ihren Schlaf. Informationen und Hilfen für Eltern. Herder, Freiburg im Breisgau, 2001.

Entspannungs-CD für Kinder

Der Hauptteil besteht aus Instrumentalmusik, speziell für Kinder, zum Entspannen, Ruhen, Einschlafen. Außerdem enthält die CD einige Lieder zur Verlangsamung und zur Guten Nacht. Sie kann auf Rechnung bestellt werden bei Volker Friebel: post@volker-friebel.de oder über www.entspannung-plus.de Der Preis beträgt 12,90 Euro (einschließlich Versand innerhalb Deutschlands, bei Versand ins Ausland 14,90 Euro).

Adressen

www.charite.de/dgsm/dgsm/
Die Deutsche Gesellschaft für Schlafmedizin: Hier findet sich etwa eine Seite mit Schlaflabors in Deutschland.

www.entspannung-plus.de
Unsere Seite zur Entspannung, mit Fantasiereisen und Entspannungsgeschichten für Kinder. Hier finden sich auch weitere Gutenachtgeschichten und noch mehr Materialien, etwa Vorlagen zum Ausdrucken für ein Schlafprotokoll und einen Schlafkalender.

Die Autoren

Sabine Friedrich (geb. 1961) ist Diplom-Psychologin, Familientherapeutin und Hypnotherapeutin für Kinder und Jugendliche (MEG). Sie arbeitet Teilzeit in einer Erziehungsberatungsstelle sowie in der Weiterbildung. Ein Sohn (1989) und eine Tochter (1992). Kontakt: Sabine Friedrich, Griesweg 17, 72160 Horb, sabine1friedrich@yahoo.de

Dr. Volker Friebel (geb. 1956) ist Diplom-Psychologe und Autor von Veröffentlichungen mit den Spezialgebieten Entspannung, Psychosomatik, Sprache und Musik. Er ist in der Weiterbildung tätig und hat lange Jahre mit Kindergruppen gearbeitet. Kontakt: Post@Volker-Friebel.de

Impressum

Herausgeber und Lektorat
Bernhard Schön, Idstein

Umschlagkonzept und -gestaltung; Innenlayout
www.anjagrimmgestaltung.de (Gestaltung), Stephan Engelke (Beratung)

Satz und Herstellung
Nancy Püschel

Druck und Bindung
Beltz Druckpartner, Hemsbach

1. Auflage 2011
ISBN 978-3-407-22506-1

Bildnachweis

Umschlagabbildung; S. 1: © Getty Images/Melanie Acevedo
S. 3: © iStockphoto/kate_sept2004
S. 4, 6: © iStockphoto/Fertnig
S. 13: © iStockphoto/YsaL
S. 22: © iStockphoto/shironosov
S. 27: © iStockphoto/Lokibaho
S. 31: © iStockphoto/Reniw-Imagery
S. 33: © iStockphoto/wildcat78
S. 38: © iStockphoto/ivabarmina
S. 40: © iStockphoto/Christopher-Bernard
S. 43: © iStockphoto/jane
S. 50: © iStockphoto/eyetoeyePIX
S. 67: © mauritius images/André Pöhlmann
S. 82: © iStockphoto/4774344sean
S. 85, 110: © iStockphoto/matka_Wariatka
S. 88: © iStockphoto/alkir
S. 104: © iStockphoto/iofoto
S. 116: © iStockphoto/Maica
S. 120: © iStockphoto/simoningate

In Zusammenarbeit mit:

® ELTERN ist eine Marke der Gruner + Jahr AG & Co. KG. Alle Rechte vorbehalten.

ELTERN family ist eine Marke der Gruner + Jahr AG & Co. KG. Alle Rechte vorbehalten.

Deutsche Liga für das Kind in Familie und Gesellschaft

Initiative gegen frühkindliche Deprivation e.V.